El evangelio en la vida de José

SU GRACIA ES MAYOR

DAVID BARCELÓ

Prólogo por Paul Washer

B&H
ESPAÑOL

A Elisabet.
Porque su estima sobrepasa largamente
a la de las piedras preciosas
(Proverbios 31:10)

Su gracia es mayor

¿Qué amor mis pecados decide olvidar?
Lanzados al mar no los quiere contar.
Él, siendo Omnisciente, olvida mi error.
Mis faltas son muchas,
Su gracia es mayor.

Paciente me aguarda en mi desviar;
Un padre que tierno me llama al hogar.
Recibe al débil y vil pecador.
Mis faltas son muchas,
Su gracia es mayor.

Qué grandes riquezas Él nos otorgó;
Su sangre fue el pago, Su vida entregó.
Pagó esa deuda y la canceló.
Mis faltas son muchas,
Su gracia es mayor.

Gloria Dios, Su gracia es mayor.
Sus misericordias hoy nuevas son.
Mis faltas son muchas.
Su gracia es mayor.[1]

---

1   El título de este libro está basado en el himno His Mercy Is More, escrito por Matt Papa, Matt Boswell, © 2016 Love Your Enemies Publishing, Dayspring Publishing, LLC (A Division of Word Music Group, Inc.) CCLI #7065053. Traducción al español por Emanuel Elizondo, Rogers Peralta y Daniel Lobo.

Su gracia es mayor: el evangelio en la vidad de José

Copyright © 2020 por David Barceló
Todos los derechos reservados.
Derechos internacionales registrados.

B&H Publishing Group
Nashville, TN 37234

Clasificación Decimal Dewey: 230
Clasifíquese: RELIGION / VIDA CRISTIANA / GENERAL

Toda dirección de Internet contenida en este libro se ofrece solo como un
recurso. No intentan condonar ni implican un respaldo por parte de B&H
Publishing Group. Además, B&H no respalda el contenido de estos sitios.

A menos que se indique otra cosa, las citas bíblicas se han tomado de la versión
Reina-Valera 1960 ®© 1960 por Sociedades Bíblicas en América Latina; ©
renovado 1988 Sociedades Bíblicas Unidas. Usadas con permiso. *Reina-Valera
1960* ® es una marca registrada de las Sociedades Bíblicas Unidas y puede ser
usada solo bajo licencia.

Cover design by Darren Welch.
Cover images by exshutter/shutterstock; Remi Cauzid/shutterstock; and
Vova_31/shutterstock.

ISBN: 978-1-5359-9718-8

Impreso en EE. UU.
1 2 3 4 5 * 23 22 21 20

ÍNDICE

AGRADECIMIENTOS

En primer lugar, gracias a mis padres, Josep y Margarita, por enseñarme la Palabra de Dios desde la cuna, y por esas largas sobremesas donde las páginas de la Biblia cobraban vida. A mis hermanos Jonatán y Samuel, por hacer que nuestro hogar estuviera lleno de amistad, servicio, y amor fraternal, y no se pareciera al de José.

Gracias a mis suegros, Jesús y Pilar, por haber sido un ejemplo de servicio y humildad. Gracias por ilustrar ante nosotros de una forma cotidiana cómo brilla la gracia de Dios. Dejáis un hermoso legado. Os queremos. Pronto nos vemos en la Ciudad Celestial.

Gracias a Jim Newheiser, pastor y maestro, y a la iglesia *Grace Bible Church* en Escondido, California, por su impacto imborrable en mi vida, y a los profesores del seminario *Westminster California*, por ayudarme a ver a Cristo en el Antiguo Testamento.

Gracias al pastor Jairo Chaur, amigo y compañero de milicia, y a la *Iglesia Evangélica de la Gracia* en Barcelona, donde tengo el honor de servir. Por su ánimo constante y por permitirme un tiempo sabático en el que pude avanzar con estas páginas.

Gracias a mi amigo Giancarlo Montemayor y al equipo de *LifeWay* por su inestimable ayuda y ánimo en la gestación de este libro.

Gracias al hermano Paul Washer por su generoso prólogo, y su ejemplo como predicador de la belleza de Cristo.

Gracias a mi esposa Elisabet, amiga, hermana, e incansable ayuda idónea, por sus brillantes aportaciones para hacer que las palabras lleguen al alma, y a mis hijos, Moisés, Daniel, Elisabet y Abraham, por su ayuda y paciencia conmigo y por su ánimo en el tramo final de este escrito.

Pero, ante todo, gracias a ti Señor Jesús. Estas páginas hablan de ti y de tu amor infinito.

PRÓLOGO

Cuando pensamos en los grandes patriarcas del Antiguo Testamento, mayormente nos enfocamos en Abraham, Isaac y Jacob, y pasamos por alto uno de los personajes más importantes en toda la historia redentora de las Escrituras: José. A través de su carácter y las circunstancias de su vida, el lector perspicaz encontrará una triple bendición.

Primero, el paralelo entre la vida de José y la del Señor Jesucristo son innegables. De hecho, se puede afirmar sin exageración que en la vida de José vemos con anticipación un bosquejo de la obra redentora de Cristo. José era el preferido de su padre Jacob. José fue enviado a sus hermanos que le rechazaron y le dejaron por muerto. José fue llevado a los gentiles, donde fue exaltado sobre todo Egipto y le fue dado el nombre egipcio *Zafnat-panea*, que significa «el salvador del mundo o el sustentador de vida». En un tiempo de gran tribulación, los hijos de Israel acudieron a los gentiles buscando sustento y descubrieron que su hermano José había sido exaltado como Señor y Salvador de la tierra.

Segundo, el carácter y la consistente obediencia de José ante todas las circunstancias negativas y positivas en su vida nos sirven como enseñanzas e ilustraciones de cómo el creyente debe portarse en medio de este mundo caído en tiempos de adversidad y de bendición. No importa cuán grande sea la tragedia, cuán atractiva la tentación,

1

o cuán alta la exaltación, José responde con el temor del Señor, sabiduría bíblica y una obediencia íntegra.

Tercero, el personaje central en la crónica de José no es José sino Dios. Aunque podemos apreciar y aprender de la fidelidad, devoción, y obediencia de José, Dios es el héroe de esta historia. En cada etapa de la vida de José vemos el poder, soberanía y fidelidad de Dios para lograr todos sus propósitos y cumplir todas sus promesas. No importa cuán trágico sea el evento, aprendemos de la vida de José que «a los que aman a Dios, todas las cosas les ayudan a bien, esto es, a los que conforme a su propósito son llamados» (Romanos 8:28).

En su libro *Su Gracia es Mayor: El Evangelio en la Vida de José*, el pastor David Barceló expone las Escrituras como uno que posee una gran maestría del texto. Como resultado, el libro está repleto, literalmente rebosando, con verdades bíblicas y aplicaciones prácticas para el creyente y el incrédulo. Cada instante de la vida de José es como un cofre cerrado de tesoros de verdades bíblicas; pero con la llave de la exposición, el pastor Barceló abre cada puerta y saca a la luz el tesoro para el beneficio y bendición de todo el pueblo de Dios. A través de esta exposición de la vida de José, el lector logrará un aprecio más grande por el carácter y obras de Dios, verá el evangelio de Jesucristo en una luz más brillante, y ganará un conocimiento más amplio de la vida cristiana y las verdades bíblicas por las cuales debe vivir.

Sin reservas y con mucho gozo recomiendo esta obra que ha sido de tanta bendición y edificación en mi propia vida. Les puedo asegurar que después de leerlo, el lector nunca verá la vida de José de la misma manera.

Paul Washer

1

JOSÉ Y LA GRACIA DE DIOS

Génesis 50:20

En cierta ocasión, un joven se acercó a su pastor y le preguntó: «Pastor, ¿me puede explicar la historia de José, porque no la conozco?». El pastor, contento con la pregunta, empezó a narrarle la historia bíblica: «José era el menor de sus hermanos. Era el preferido de su padre, quien le regaló una túnica de muchos colores. Por envidia, sus hermanos lo vendieron como esclavo. Fue llevado a Egipto por unos mercaderes. Trabajó en casa de Potifar, y la mujer de Potifar lo acusó injustamente…». La cara del joven se iba poniendo cada vez más seria. El pastor continuó el relato: «Estuvo en prisión, pero Dios le concedió que pudiera interpretar el sueño del copero de Faraón. Cuando Faraón tuvo un sueño, el copero se acordó de José. Salió de prisión e interpretó el sueño de Faraón…». El joven fruncía el ceño, y su rostro lucía cada vez más confundido. Pero el relato seguía: «Faraón puso a José como su mayordomo sobre todas las cosas, y José estuvo como primer ministro sobre todo Egipto…». Fue en ese instante cuando el joven ya no pudo contenerse más, e

3

interrumpiendo al pastor exclamó: «¡Fue entonces cuando se casó con María! ¿Verdad?».

Tú y yo necesitamos conocer la historia de José para que no nos pase como a este joven desorientado. José es uno de los personajes más relevantes de la Biblia. El Génesis es un libro de suma importancia. Relata el origen de la tierra, el origen del pueblo de Dios, y el origen de nuestra fe. Dentro del Génesis, catorce capítulos están dedicados a describir con detalle la vida de José y las circunstancias que le llevaron desde su hogar en Canaán a su trono en Egipto.[1] Pero José no es tan solo un personaje clave para comprender el relato bíblico. José es además un precioso anticipo del evangelio del Señor Jesucristo. Te invito a que viajes conmigo por estas páginas, acompañando a José desde Canaán hasta Egipto, desde su hogar hasta el trono, desde la prisión hasta el palacio, viendo la mano poderosa de Dios guiándolo todo. Caminemos junto a José para ver el evangelio en su vida, y así poder comprobar que, a pesar de las pruebas, las tentaciones, los sufrimientos, los abandonos, o las traiciones, la mano soberana de Dios guía todo para nuestro bien, y en medio del dolor Su gracia es mayor.

En el Génesis escuchamos de la promesa que Dios hizo a Abram, de una tierra para su descendencia.[2] Dios también le prometió que esa descendencia sería tan numerosa como las estrellas del cielo, o como la arena del mar. En su vejez, Dios le concedió a Abram un hijo: Isaac. Y a Isaac dos hijos: Jacob y Esaú. A Jacob le dio doce hijos y una hija: Rubén, Simeón, Levi, Judá, Isacar, Zabulón, Gad, Aser, Dan, Neftalí, José, Benjamín y Dina. Y es en este punto de la historia bíblica cuando José aparece en Génesis 37. Las promesas de Dios se están cumpliendo. Los biznietos de Abram están formando un pueblo numeroso y habitan en la tierra que Dios les prometió.

«Habitó Jacob en la tierra donde había morado su padre, en la tierra de Canaán. Ésta es la historia de la familia de Jacob: José, siendo de edad de diecisiete años, apacentaba las ovejas con sus hermanos...». (Génesis 37:1,2)

Pero al ir avanzando en nuestra historia, da la impresión de que todo se tuerce. Es como si Dios se hubiera olvidado de repente de todas sus promesas. Como si hubiera retirado su mano protectora. Los hijos de Jacob entran en pleitos constantes, José es vendido como esclavo, Israel pasa hambre en Canaán, y todos emigran a Egipto buscando alimento, así como Abram en el pasado tuvo que emigrar.[3] Aunque José no lo verá con sus propios ojos, el pueblo de Israel acabará siendo esclavo en manos de Faraón. ¿Se habrá olvidado Dios de sus promesas? ¿Ha abandonado a los suyos a su suerte?

Sería fácil para nosotros, sabiendo el desenlace de todas las cosas, decirle en ese momento a los hebreos: *No deben preocuparse. El Señor los sacará de la esclavitud por mano de un tal Moisés, y todos los hijos de Abraham regresarán a la tierra de Canaán. Si bien es cierto que para entonces ya habrá muchos reyes allí y tendrán que echar a los jebuseos, los amorreos, los ferezeos y los filisteos; sin duda Dios estará a su lado y los derrotarán a todos. ¡Tengan fe! ¡Confíen! ¡Ya verán lo que sucederá!* Desde nuestra óptica no es difícil ver las promesas de Dios cumplidas, pero en medio de las adversidades se requiere de mucha fe. Qué fe tan grande para creer que esas promesas de Dios hechas a Abram tendrían su cumplimiento. Así lo creía José. Creía en Dios y confiaba en sus promesas.

«Por la fe José, al morir, mencionó la salida de los hijos de Israel, y dio mandamiento acerca de sus huesos». (Hebreos 11:22)

José, por fe, mencionó que el pueblo un día regresaría a Canaán, y dio instrucciones para que en ese día sus huesos fueran llevados de allí para ser enterrados en la tierra que Dios les prometió. Recordemos esto siempre. Dios cumple sus promesas. Aunque parezca no haber progreso. Aunque parezca que al enemigo le va bien. Aunque parezca que Dios tarda en responder, o se ha olvidado de lo que había dicho que haría. Aunque parezca que todo se complica demasiado. Dios siempre cumple sus promesas. Y Dios cumplirá también las promesas que te ha hecho a ti. ¿Qué te ha dicho Dios? ¿Que te ama? ¿Que te cuida? ¿Que no te dejará ni te desamparará? ¿Que todas las cosas ayudan a bien a los que a Dios aman? ¿Que formará en ti al Señor Jesucristo? ¿Que está preparando para ti una morada celestial? ¿Que regresará por ti? Entonces, ¡confía! Dios cumple sus promesas. No será a tu manera, ni será en tu momento, sino a la manera de Dios y en el tiempo de Dios. Pero puedes estar convencido de esto, que el que comenzó en vosotros la buena obra, la perfeccionará hasta el día de Jesucristo.[4]

Estudiemos juntos la vida de José, porque José representa para nosotros un ejemplo vivo de las verdades bíblicas. Un ejemplo de la confianza en las promesas de Dios a pesar de las dificultades, y un ejemplo del carácter del cristiano en medio de la adversidad. José es un personaje modélico. Un referente de lo que ha de ser el testimonio del creyente.

¡Mira a José! Su amor por sus hermanos y su capacidad de perdón.
¡Mira a José! Su integridad en el trabajo y su lealtad a su amo.
¡Mira a José! Su capacidad de resistir la tentación y ser fiel a Dios.
¡Mira a José! Su inteligencia, su entereza, su sabiduría para administrar.
¡Imita a José! ¡Cuántas virtudes en un solo hombre!

En efecto, José es un ejemplo a seguir. Su vida está llena de magníficas lecciones éticas y de los valores más puros: amor, trabajo, lealtad, integridad, paciencia, perdón. José es un ejemplo para nosotros y para nuestros hijos de una vida dedicada a Dios. Pero no debemos contentarnos con eso. Es muy bueno ser personas íntegras, llenas de perdón y de paciencia como José. Pero nadie va al cielo por haber imitado a José, y nadie obtiene el perdón de sus pecados por los méritos de José. Necesitamos ir un paso más allá. Si en el Antiguo Testamento solo somos capaces de ver lecciones morales para niños, muy pronto nos convertiremos en los fariseos de nuestra época: «Sé obediente como Noé, sé fiel como José, sé paciente como Job, sé sabio como Salomón, sé valiente como Josué». Aquellos que tenemos el privilegio de discipular a los más pequeños, debemos apuntar a Alguien más grande al explicar las historias bíblicas. No basta con nuestro propio esfuerzo para agradar a Dios. Debemos fijar los ojos en Cristo Jesús y hablar a nuestros niños acerca de la cruz.

La vida de José, como la Biblia entera, nos habla de aquellas virtudes que son dignas de imitar, pero sobre todo nos habla del Señor Jesucristo. Toda la Biblia habla del Señor Jesús, tal como escucharon aquellos dos que andaban hacia Emaús.[5] El Antiguo Testamento también habla de Él. Cristo es nuestro «Noé», quien construye un perfecto plan de salvación. Cristo es nuestro «Josué», quien nos conduce hacia la Tierra Prometida. Cristo es nuestro «David», que corta la cabeza de nuestro enemigo y en su victoria somos más que vencedores. Cristo es nuestro «José», por cuyos méritos somos salvos a pesar de nuestras ofensas y somos invitados a sentarnos a su mesa. Podemos ver el evangelio en la vida de José. Los paralelismos entre José y Jesús son enormes: amado por el padre, rechazado por sus hermanos, vendido por unas monedas, echado a lo más profundo, ascendido a lo más alto, salvador de aquellos que le habían traicionado. Arthur Pink observa hasta 110 comparaciones entre José y Cristo. Y Juan Calvino dice sobre la vida de José:

> En esta historia, no solo tenemos un hermoso ejemplo de la Providencia Divina, sino que además encontramos otros dos puntos dignos de mencionar: primero, que el Señor realiza su obra de formas maravillosas e inusuales; segundo, que Él lleva a cabo la salvación de su Iglesia, no a través de un magnífico esplendor, sino a través de la muerte y la tumba… en la persona de José, se nos presenta la imagen viva de Cristo…[6]

Así como una maqueta describe en detalle, pero en menor medida, cómo será el edificio que se va a construir, del mismo modo José anuncia al Mesías y su obra perfecta en nuestro favor. La entrega de José, su sufrimiento, sus pruebas, su integridad y su testimonio hicieron posible la salvación de sus hermanos. La entrega de Cristo, Su cruz, Su sepulcro, Su obediencia y Su resurrección hicieron posible la salvación de Su Iglesia. Cristo es nuestro «José». Quien, habiendo sido justo, es tratado injustamente, y a pesar de nuestra injusticia es exaltado a la diestra del Padre para ser nuestro benefactor. Por esta razón, en este libro no solo vamos a estudiar la vida de José. Vamos a contemplar el evangelio en la vida de José.

Muchas veces la Biblia nos ofrece historias reales para ilustrar doctrinas. Si necesitas saber lo que es el perdón, mira la vida de Pedro, su negación, su arrepentimiento y restauración. Si necesitas saber lo que es la paciencia mira a Moisés, guiando al pueblo, intercediendo delante de Dios por él. José es un ejemplo vivo, en este caso, de la gracia de Dios. La gracia de Dios es un tema central en la historia de

José. Como creyentes, somos miembros de una iglesia redimida por gracia. Creemos en las doctrinas de la gracia. Pero la gracia de Dios no debiera ser entre nosotros algo meramente teórico, difuso, etéreo. La gracia de Dios ha de ser algo práctico, vivo, auténtico, vivencial. De poco sirve que nos convirtamos en grandes teólogos, o que sepamos recitar Efesios 2:8 en griego («Porque por gracia sois salvos por medio de la fe...»), si esa misma gracia no inunda nuestras vidas con su fragancia. De nada sirve hablar de la inmerecida gracia de Dios hacia personas en las cuales no vio nada digno de Su favor, si hacemos acepción de personas al acercarnos solo a los que pensamos que son dignos de nuestra compañía. En palabras del apóstol Pablo, «si tuviese profecía, y entendiese todos los misterios y toda ciencia, y si tuviese toda la fe, de tal manera que trasladase los montes, y no tengo amor, nada soy».[7] Conocer la gracia de Dios implica encarnar Su gracia en nuestras vidas. De este modo, José se presenta ante nosotros como un auténtico monumento de la gracia de Dios.

Esta es la razón de estudiar la vida de José. José experimentó en carne propia la gracia de Dios para con él, y José sobreabundó también en gracia para con sus hermanos. A veces podemos ver en algunos cristianos la misma diferencia que hay entre un astrónomo y un astronauta. El astrónomo sabe la órbita de la Luna, su tamaño, su gravedad, y su composición; y te puede hablar de todo ello de forma teórica. Sin embargo, el conocimiento del astronauta es diferente. Es experiencial. También te puede hablar de la Luna, pero no por lo que otros dicen sobre ella, sino porque él mismo ha estado allí. Del mismo modo, existen «astrónomos de la gracia» que son capaces de teorizar mucho sobre la gracia de Dios, pero solo la observan desde lejos. Han leído mucha teología, saben de memoria las confesiones históricas, pero no saben lo que es la compasión. Si hemos de escoger, mejor elegimos ser «astronautas de la gracia de Dios». Conozcamos la gracia de Dios porque la hemos experimentado personalmente. Que podamos decir «Yo sé lo que es la gracia. Yo he estado allí». ¡Hemos de conocer la gracia de Dios, hemos de explicar la gracia de Dios, pero sobre todo hemos de *vivir* la gracia de Dios! José es un verdadero *astronauta de la gracia*. Y lo vamos a acompañar en su viaje porque no solo sabe lo que la gracia *es*, sino que además la vive. En nuestro periplo con José, estaremos tan cerca de la gracia de Dios que la podremos ver, oír, oler, gustar y abrazar. Esa misma gracia que Dios tuvo para con José, en su amor, su protección, su cuidado, su guía, José la tuvo también para con los demás, y Dios la tiene para contigo.

Podemos ver la gracia de Dios en la vida de José en múltiples formas. En primer lugar, vemos Su gracia en su *elección*. Desde el principio Dios ha escogido a los suyos para llevar a cabo Su plan redentor. Dios escogió a Abram cuando vivía en Ur de los Caldeos y le condujo hacia la Tierra Prometida. Dios escogió a su hijo Isaac, el hijo de Sara, y no a Ismael, hijo de la esclava Agar. Dios escogió a Jacob, hijo de Isaac, y no a su hermano gemelo Esaú. A lo largo de toda la historia de los patriarcas es evidente que Dios escoge al que ha de ser portador de la fe, y del cual ha de formar a Su pueblo. Pero Dios no escoge a unos u otros con base en nuestros méritos personales:

«Como está escrito: A Jacob amé, mas a Esaú aborrecí. ¿Qué, pues, diremos? ¿Que hay injusticia en Dios? En ninguna manera. Pues a Moisés dice: Tendré misericordia del que yo tenga misericordia, y me compadeceré del que yo me compadezca. Así que no depende del que quiere, ni del que corre, sino de Dios que tiene misericordia». (Romanos 9:13-16)

Dios escoge tener misericordia de quien Él quiere. Dios escogió a Abraham, a Isaac, a Jacob, y en este momento de la historia bíblica nos encontramos con los hijos de Jacob y de entre todos ellos Dios escoge a José, hijo de Raquel, para ser instrumento en Su maravilloso plan de salvación. ¿Por qué José? No parece tener nada de especial. No era más que un joven pastor de ovejas:

«Ésta es la historia de la familia de Jacob: José, siendo de edad de diecisiete años, apacentaba las ovejas con sus hermanos». (Génesis 37:2)

José era un joven pastor de una familia nómada del desierto. Así como Dios escogió de entre sus hermanos al joven David, el joven pastor, para hacerle rey de Israel, Dios había decidido en Su corazón que el joven José iba a ser el nuevo gobernador del imperio más grande sobre la tierra. Dios tenía un propósito para él. Pero su elección no tiene lugar cuando José tiene diecisiete años de edad, sino mucho antes. El plan de Dios había sido trazado desde antes de la fundación del mundo. ¡Y así mismo sucede con nosotros! ¡Por Su infinita bondad, Dios nos ha escogido desde antes de la fundación del mundo con un singular propósito!

«Bendito sea el Dios y Padre de nuestro Señor Jesucristo, que nos bendijo con toda bendición espiritual en los lugares celestiales en Cristo, según nos escogió en él antes de la fundación del mundo, para que fuésemos santos y sin mancha delante de él, en amor habiéndonos predestinado para ser adoptados hijos suyos por medio de Jesucristo, según el puro afecto de su voluntad». (Efesios 1:3-5)

Ahora, tal vez pienses: *¿Será que Dios me escogió porque vio algo en mí?, ¿por alguna virtud mía? ¿Escogió Dios a José porque sabía que sería un hombre integro?* Sabemos que antes de José, Dios había escogido a su padre Jacob, que era un mentiroso y un usurpador. Sin duda alguna, la elección de Dios solo puede estar basada en Su gracia inmerecida. Dios escogió a José, y Dios te escogió a ti, por pura gracia. Spurgeon escribe lo siguiente con respecto a este asunto:

> John Newton solía contar una fantástica historia y reía de ella también, acerca de una buena mujer que, con el objeto de demostrar la doctrina de la elección, decía: «Ah, señor, Dios debe de haberme amado antes que yo naciera, pues de otra forma no podría haber visto nada en mí que se pudiera amar después». Estoy seguro de que eso es cierto en mi caso. Yo creo en la doctrina de la elección porque estoy absolutamente seguro de que, si Dios no me hubiera elegido, yo nunca lo habría elegido a Él. Y estoy seguro de que Él me eligió antes que yo naciera, pues de otra forma Él nunca me habría elegido después. Él debe haberme elegido por razones desconocidas para mí, pues yo nunca podría encontrar alguna razón en mí mismo que justifique la razón de por qué Él me miró con un amor especial. De tal manera que me veo forzado a aceptar esa grandiosa doctrina bíblica.[8]

En segundo lugar, vemos la gracia de Dios en Su *protección* sobre José. Al leer la vida de José es fácil concluir que toda su experiencia son desgracias y dificultades. Podemos incluso caer en la tentación de culpar a José, como culparon a Job sus amigos: ¿Qué habrá hecho José para merecer todo esto? ¿Por qué está Dios enojado con él? Si José explicara su historia a un compañero de celda en Egipto, tal vez le habría preguntado como los marineros a Jonás: «¿Y qué has hecho para que tu Dios esté tan enfadado contigo?». Sin embargo, en medio de tantas vicisitudes, podemos ver la mano poderosa de Dios. Necesitamos comprender que la gracia de Dios no solo se expresa en sus bendiciones, sino también en Su protección en medio de las pruebas más feroces. La andadura terrenal de José pudiera haber durado, no catorce capítulos, sino solo veinte versículos, pero Dios lo mantuvo con vida. Cuando sus hermanos le vieron venir a lo lejos y exclamaron «matémosle», Dios puso en el corazón de Rubén proteger su vida.[9] Poco después seguían cavilando sobre cómo asesinarle, pero Dios hizo que pasaran cerca unos ismaelitas que iban hacia Egipto y también pasó por la mente de Judá la idea de venderle como esclavo para sacar algún provecho.[10] Años después, cuando José fue acusado injustamente por la mujer de su amo Potifar, Dios guardó de nuevo su vida y no fue ahorcado sino encarcelado.[11] Así como sucedió con Jonás, también José se encontró encerrado en una oscura y húmeda celda, que a pesar de ser tan molesta fue en verdad parte del rescate divino. Cuando José estuvo en prisión, no consumió allí el resto de sus días. Dios hizo que coincidiera con el copero y el panadero de Faraón, para que el copero un día se acordara de él y le ayudara a salir del cautiverio.[12] La vida de José está sin duda llena de sufrimientos. También está llena de pecados en su contra. A veces pareciera no tener ningún sentido. Pero sabemos que el Dios Todopoderoso está guiando cada uno de sus pasos con un propósito celestial.

Lo mismo sucede en nuestras vidas. Es increíble ver que aun cuando nuestros planes se tuercen estrepitosamente, no obstante, el plan perfecto de Dios siempre se lleva a cabo. Es como si todos nosotros formáramos parte de una gran orquesta. Nuestros instrumentos han sido golpeados y desafinados. A los violines les faltan cuerdas. A las trompetas les faltan pistones. Al piano le faltan teclas. Estamos rotos por causa del pecado del Edén, por causa de nuestro propio pecado, y por causa del pecado de otros en nuestras vidas. Pero Dios, el director universal, es tan sorprendentemente hábil que a pesar de nuestras miserias sabe escribir partituras sin aparente sentido, y nos da la entrada a unos y otros de tal modo que el ruido que esperábamos oír es transformado en una hermosa sinfonía. Así de majestuosa es Su soberanía y Su bondad. A pesar de nuestro pecado y debilidad, Dios cumple sus propósitos sublimes. La vida de José es una muestra de ello. El libro del Génesis concluye con estas palabras de José mirando el emocionado rostro de sus hermanos: «Vosotros pensasteis mal contra mí, mas Dios lo encaminó a bien, para hacer lo que vemos hoy, para mantener en vida a mucho pueblo».[13]

¡Qué descanso para el creyente saber que aun cuando todo parece estar fuera de control, Dios está en control de todo! Saber que aun cuando otros te hieren, te rechazan, te desprecian, Dios en Su plan perfecto lo usa el mal para bien. Saber que Dios no es un Dios caprichoso, sino que permite las dificultades en tu vida con un propósito eterno. Saber que Dios te está protegiendo, cuidando y guiando, aun cuando te sientes abrumado. ¿Puedes ver la mano de Dios en tu vida? ¿Ves cómo te ha protegido aún de ti mismo y de las consecuencias de tus propias decisiones? ¿Ves cómo te ha guardado en medio de todo lo que has vivido? ¿Ves Su protección en tu historia?

En tercer y último lugar, vemos la gracia de Dios en Su *carácter*. ¿No te sorprende que todo lo que sufrió José no le destruyera por completo? La vida de José fue muy difícil. Fue echado en un pozo. Fue vendido como esclavo. Fue llevado cautivo. Fue extranjero en tierra extraña. Fue acosado y acusado injustamente. Fue condenado sin juicio justo. Sufrió el odio de sus hermanos. Sufrió la pérdida de su madre. Sufrió la separación de su padre. Sufrió años en prisión. Sufrió el olvido del copero. Y después de todo esto no sería extraño que José hubiera terminado amargado, deprimido o consumido por un profundo deseo de venganza. No obstante, cuando José supo que Faraón había tenido un sueño, no le dijo *¿Ah sí? Pues ahora no tendrás la interpretación por haberme tenido tantos años en prisión injustamente.* Cuando José fue exaltado, tampoco dijo *Traigan ante mí a la mujer de Potifar, para que sepa lo que es pudrirse en la cárcel.* Cuando sus hermanos vinieron a José en busca de alimentos, no les dijo *¡Sorpresa! Yo soy José y ahora serán mis esclavos.* Estas son las reacciones del mundo. A nuestro alrededor escuchamos este tipo de argumentos constantemente. Si José hubiera pecado con la mujer de Potifar, y se hubiera deprimido, y hubiera ido a un psicoterapeuta de Egipto, le podría haber dicho *No te culpes. Estabas tan falto de afecto, después de como te trataron tus hermanos. Después de la pérdida de tu madre. Después de tanto tiempo solo y lejos de tu padre. Te ofrecieron un poco de cariño y lo aceptaste. Es normal. Somos humanos.*

El mundo dice que el pecado de otros te ha de destruir. Que, si otros han pecado contra ti, tienes permiso para cultivar en tu corazón la ira, el rencor, el odio, la amargura y la depresión. Sin embargo, la gracia de Dios en la vida de José nos muestra que no tenemos por qué ser lo que el mundo supone que debemos ser. Dios guardó el carácter de José aún en medio del sufrimiento. Dios hizo de él alguien cada vez más precioso por medio de las pruebas. Como Daniel en el foso de los leones. Daniel salió ileso de entre las fieras, y el Dios de Daniel fue glorificado en todo el reino.[14] Como Sadrak, Mesak y Abed-Nego en el horno de fuego. Los tres jóvenes salieron de entre las llamas y ni aún olor a humo había en ellos.[15] Del mismo modo, José no fue destruido en medio de la prueba, sino que en medio de ella brilló aún con más fulgor. El fuego de la prueba purificó el oro de su corazón y lo hizo aún más precioso. ¡Observa a José, y verás un carácter transformado por la gracia de Dios! ¿Te sientes solo y abatido? José también. ¿Te han abandonado y defraudado los que más querías? A José también.

¿Te sientes tentado por el mundo? José también lo fue. ¿Te sientes engañado y maltratado por tus superiores? Lo mismo le pasó a José. ¿Te sientes mal porque te tratan injustamente? ¡José también! José experimentó todo esto; pero el Señor estuvo con él. La gracia de Dios lo guardó, lo preservó, lo conservó y lo protegió a tal grado que José mostró gracia para con todos los que le habían maltratado, pagándoles con bien.

Somos objetos de la gracia de Dios porque nos escogió desde antes de la fundación del mundo, porque nos protege en medio del pecado, porque nos santifica para hacernos más como Su Hijo. Pero sobre todo, somos objeto del favor de Dios porque tú y yo nos encontramos cara a cara con Su gracia en el Calvario. Como José fue traicionado, así el Señor Jesucristo fue traicionado por todos nosotros. Nosotros lo rechazamos, le dimos la espalda, y nos hicimos sus enemigos. Tú y yo estábamos con Judas cuando lo vendía por un puñado de monedas. Tú y yo estábamos con los romanos cuando lo clavaban en la cruz. Y, sin embargo, ¿qué hizo Él con nosotros? ¡Nos perdonó! ¡Por Su infinita gracia y misericordia nos perdonó!, y «siendo enemigos, fuimos reconciliados con Dios por la muerte de su Hijo».[16] Jesús es nuestro «José», y más que José. Así como José habló al corazón de sus hermanos, Jesús de Nazaret también hoy nos mira a los ojos y nos dice: «Vosotros pensasteis mal contra mí, mas Dios lo encaminó a bien, para hacer lo que vemos hoy, para dar vida a todo este pueblo».[17] A pesar de nuestras miserias y debilidades, veamos en este hermoso relato la mano de Dios guiando nuestros pasos, y de qué sorprendente manera Su gracia es mayor que todas las penas.

La gracia de Dios en tu vida

1. Dios había prometido a Abram una tierra y una descendencia. ¿Esperaba José que Dios fuera a cumplir sus promesas? ¿Cómo lo podemos saber?

2. En la vida de José podemos ver la gracia de Dios en su *elección*. Lee Tito 3:3-7 y expresa con tus palabras la misericordia de Dios en el regalo de la salvación.

3. En la vida de José vemos la gracia de Dios en su *protección*. ¿De qué protegió Dios a José? ¿De qué te ha protegido Dios a ti a lo largo de tu vida?

4. En la vida de José podemos ver la gracia de Dios en su *carácter*. ¿Qué dificultades sufrió José? ¿Qué podríamos esperar de alguien que ha sufrido todo eso? ¿Cómo podría haber reaccionado José cuando se convirtió en alguien poderoso? ¿Cómo reaccionarías tú si hoy te hicieran la persona más poderosa sobre la tierra?

5. La gracia de Dios brilla aún más en la vida de José cuando perdona a sus hermanos y les dice: «Vosotros pensasteis mal contra mí, mas Dios lo encaminó a bien» (Génesis 50:20). ¿De qué modo se asemeja José a Cristo? ¿Puedes tú pronunciar esas mismas palabras a aquellos que te han hecho daño en tu vida?

2

UNA TÚNICA DE COLORES

Génesis 37:1-11

Tenemos ante nosotros a José tal y como se le suele dibujar en tantos libros ilustrados para niños. José es feliz en casa de su padre Jacob. Lleva puesta una túnica de muchos colores. Explica a sus hermanos sus sueños que dejan a todos perplejos. En el capítulo anterior dimos nuestros primeros pasos en nuestro estudio de la vida de José, meditando acerca de la gracia de Dios manifestada a lo largo de su historia. Una gracia a través de la cual Dios salvaría la vida de mucha gente, incluyendo la de su padre y sus hermanos. Sabiendo que José representa un preludio del evangelio, también habremos de ver en José un reflejo del sacrificio del Señor Jesucristo. Tenemos ante nosotros a José en casa de su padre, vestido con una túnica de un alto precio, pero pronto va a empezar a andar un camino de renuncia y desprecio.

Para empezar, hemos de entender que tenemos ante nosotros a una familia muy problemática: esposas que rivalizan entre ellas, un padre con evidentes favoritismos, hermanos envidiosos que se desprecian. La familia de José era una familia desastrosa en muchos sentidos. Recordemos que Jacob vivió muchos años con su suegro, Labán. A causa de su amor por Raquel, trabajó durante siete años para poder casarse con ella, pero «le parecieron como pocos días, porque la amaba».[18] Pero Labán engañó a Jacob. El que usurpó la primogenitura de su hermano, cubriéndose de pelo de cabra para engañar a su anciano padre, ahora es engañado. En vez de darle a Raquel, Labán le entregó a Lea por mujer. Jacob no se dio cuenta hasta la mañana siguiente después de la boda, y cuando Jacob fue a quejarse con su suegro, este le argumentó que «no se hace así en nuestro lugar, que se dé la menor antes que la mayor».[19] Jacob entonces prometió a Labán trabajar siete años más, a cambio de poder casarse también con Raquel. Y una vez acabados los festejos por la boda con Lea, Jacob tomó a Raquel por esposa. De esta manera, en pocos días Jacob pasó de ser un hombre soltero a tener dos esposas, Lea y Raquel, además de sus dos criadas como concubinas, Bilha y Zilpa. ¡Y todo esto sucedió sin recibir ni una sola sesión de consejería prematrimonial! Desde sus inicios la familia de José dejó mucho que desear. No es de extrañar que entre las cuatro mujeres de Jacob surgieran celos, rencillas y discusiones. Con el tiempo esas mismas tensiones habrían de manifestarse entre los hijos de cada una de ellas. Raquel era la esposa que Jacob amaba. La mujer de su corazón, y Jacob tenía una abierta predilección por los hijos de Raquel: José y Benjamín.

Sabemos muy poco sobre la infancia de José. Su nacimiento se describe brevemente en Génesis 30, y leemos que, al nacer José, Jacob quiere irse de casa de Labán. Ya ha estado unos veinte años trabajando para su suegro y es hora de emanciparse. Pero Labán está siendo muy bendecido por el trabajo de Jacob e intenta retenerlo a toda costa. La familia de Jacob ha crecido y debe formar su propio clan. El nombre «José» significa literalmente «añádame Jehová otro hijo».[20] Y en efecto, se cumplió el significado de su nombre y Dios concedió a Raquel otro hijo después de José, Benjamín. Pero Raquel falleció durante el parto y fue enterrada en Belén.

En Génesis 37 José ya tiene diecisiete años. Es un hombre joven que ha desarrollado su carácter y convicciones personales. José es un joven con una profunda fe. Seguramente debió de oír muchas veces la historia de su abuelo Isaac y de su experiencia en el Monte Moriah; cómo Abraham le puso sobre el altar para sacrificarlo y cómo Dios proveyó de un carnero para el holocausto. Quizá conversó con su padre Jacob sobre aquella lucha con el Ángel en medio de la noche; cómo el Ángel le venció y le bendijo, y le llamó Israel. Qué fascinante debiera ser escuchar de boca de Jacob su sueño de la escalera en Betel por la cual subían y bajaban los ángeles de Dios. José debió de escuchar cientos de veces las promesas que Dios hizo a su bisabuelo Abraham, que salió de Ur hacia una Tierra Prometida; de cómo Dios formaría a través de él un pueblo tan numeroso como las estrellas de los cielos. Todo lo que José vivió y escuchó antes de los diecisiete años llegó a ser parte de su herencia espiritual. Oyó de primera mano lo que es la soberanía de Dios, las promesas de Dios, la bondad de Dios, la gracia de Dios, y la fe de sus padres quedó profundamente grabada en su corazón.

Como José, nuestros hijos son vasos de barro que están siendo moldeados en el hogar. En esos primeros años, el barro aún está tierno y estamos a tiempo de darle forma. Pero al pasar los años, el barro se endurece. Hablémosles de Dios mientras aún hay tiempo. De Su gracia, Su provisión, Su amor, Su paciencia. ¡Antes de los diecisiete años! A los diecisiete el barro ya está cocido. Es cierto que Dios es soberano y puede transformar vidas en cualquier momento, pero oremos porque ese momento sea pronto. No caigamos en el error de pensar que la lección de escuela dominical es suficiente para ellos, o peor aún, «que ya escogerán su camino cuando crezcan». ¡Hablémosles del Señor todo el día! ¡En cualquier circunstancia! ¡Hablémosles mientras aún están en nuestras manos! Tal como nos ordena el Señor:

> «Y estas palabras que yo te mando hoy, estarán sobre tu corazón; y las repetirás a tus hijos, y hablarás de ellas estando en tu casa, y andando por el camino, y al acostarte, y cuando te levantes. Y las atarás como una señal en tu mano, y estarán como frontales entre tus ojos; y las escribirás en los postes de tu casa, y en tus puertas». (Deuteronomio 6:6-9)

A sus diecisiete años José es llevado cautivo al gran imperio egipcio. Antes de una prueba tan grande, tuvo diecisiete años de discipulado cristiano, diecisiete años en los cuales su padre y su madre le instruyeron sobre la vida y cómo vivirla confiando en Dios en cualquier circunstancia. Formemos también nosotros a los «José» del mañana mientras están en nuestras manos. No importa si has sido un «Jacob», un mentiroso que ha engañado a los hombres y ha negociado con Dios. Qué extraordinario es pensar que a pesar de haber sido un «Jacob» nuestros hijos puedan ser «José». Hombres íntegros, fieles y abnegados. Mucho mejores de lo que hemos sido, por la gracia de Dios que se ha manifestado en sus vidas.

José era el preferido de su padre, pero era un trabajador diligente. No era un niño consentido que ganduleaba en casa todo el día jugando videojuegos o viendo series de Netflix. José era un joven responsable y honrado. Un joven trabajador y servicial. Cuán importante es enseñar a nuestros hijos el sentido del honor, la responsabilidad, la integridad y la honradez. Amar a los hijos no significa malcriarlos. Amar no es lo mismo que consentir. Amar supone educar de tal manera que nuestros hijos sean hombres y mujeres de Dios que nos superen en todo, empezando por la fe.

José era un joven sabio incluso al escoger sus compañías. Estaba pastoreando con los hijos de Bilha y Zilpa. No pastoreaba con los hijos de Lea, quienes más odio sentían por él. Seguramente los de Lea se sintieran con ciertos derechos por ser los mayores, y por ser los hijos de la primera esposa. Tal como veremos, los hijos de Lea, especialmente Rubén y Judá, tendrán un especial protagonismo en la traición hacia José. En su sabiduría como joven, José escoge sus compañías. Huye de los orgullosos y prefiere asociarse con los humildes.[21] Pero incluso los hijos de las concubinas bien pronto acabarán aborreciendo a José, porque en su fidelidad a Jacob «informaba José a su padre la mala fama de ellos».[22] No malentendamos este pasaje. No es que José fuera un chismoso que iba corriendo con secretitos. El padre de familia era entonces el jefe del pueblo y el jefe de la empresa familiar. Jacob es la autoridad espiritual puesta por Dios, y si los hermanos de José pecaban y él guardaba silencio, se hubiera convertido en cómplice de sus faltas. José amaba la verdad y le decía a su padre la verdad. Era un hijo obediente y leal. No siempre es fácil decirle la verdad a quien necesita oírla. El chisme representa exactamente lo contrario a lo que hizo José. El chisme es muy fácil de contar, porque va dirigido a quienes no tienen interés real en el tema. Pero José no fue a sus otros hermanos explicando chismes de los hijos de Bilha y Zilpa, sino que fue a su padre Jacob a decirle la verdad sobre la mala conducta de aquellos. Quien ama la verdad, también ama a su hermano que la necesita oír.

José era el primer hijo de Raquel. «Y amaba Israel a José más que a todos sus hijos, porque lo había tenido en su vejez; y le hizo una túnica de diversos colores».[23] ¡Jacob tuvo favoritismos entre sus hijos, y el favoritismo entre los hijos es un pecado terrible! La Palabra de Dios nos dice claramente que no provoquemos a ira a nuestros hijos,[24] y los favoritismos les provocan a ira, a celos y envidias entre ellos. Es cierto que somos imperfectos y que amamos a nuestros hijos de forma imperfecta, pero el favoritismo hacia los hijos quebranta la unidad del hogar. El marido y la mujer, cada uno con su favorito, usan a los hijos como armas para competir y defender cada uno su interés privado. Los hijos se convierten así en instrumentos para demostrar quién es mejor, para contender con miras de demostrar «cuál sale mejor, tu favorito o el mío», como si se tratara de una carrera hípica. Tener predilección por un hijo es pecado, y en el caso de Jacob es síntoma de una familia desastrosa. En su autobiografía, George Müller comenta este hecho de su infancia:

«Nací en Kropenstaedt, cerca de Halberstadt, en el reino de Prusia, el 27 de Septiembre de 1805. En enero de 1810 mis padres se mudaron a Heimersleben, a unas cinco millas de Kroppenstaedt, donde mi padre fue nombrado recaudador de impuestos. Como una advertencia a los padres, he de decir, que mi padre me prefería a mí antes que a mi hermano, lo cual fue muy injurioso para ambos. Para mí, porque incitó en mi mente un sentimiento de auto-exaltación; y para mi hermano, porque creó en él un rechazo tanto hacia mi padre como hacia mí...».[25]

El favoritismo era un pecado que Jacob ya había vivido en su infancia. Isaac su padre prefería a Esaú, y su madre Rebeca le prefería a él: «Y amó Isaac a Esaú, porque comía de su caza; mas Rebeca amaba a Jacob».[26] El odio que creció entre estos dos hermanos era horroroso. Un odio tan profundo que Esaú deseaba matar a Jacob. ¿Por qué entonces repite Jacob el mismo pecado de sus padres? ¿Acaso no vio lo que acarreó en su propia vida? Su hermano Esaú le quería matar a él, y ahora Jacob con su predilección manifiesta está provocando que sus hijos quieran acabar con José.

Si has vivido favoritismos en tu casa conoces bien sus malas consecuencias. No hagas favoritismos. Si no somos intencionales en nuestra vida familiar, la inercia será imitar los ejemplos imperfectos que hayamos tenido a nuestro alrededor. Imita modelos santos en tu entorno. Esfuérzate por amar a tus hijos y a tus hijas por igual. Muestra por todos ellos el mismo afecto, atención, cuidado y preocupación. Evita fomentar entre ellos celos y rivalidades. Los favoritismos son detestables, ¡y suceden por las más ridículas de las razones! Isaac prefería a Jacob «porque comía de su caza». Jacob prefería a José «porque lo tuvo en su vejez», porque fue una sorpresa cuando ya no esperaba tener hijos de Raquel. Otro dirá que aquel es su hijo preferido «porque lo vio nacer», o «porque se llama igual que yo», o «porque es varón, igual que yo», o «porque come muchos champiñones, igual que yo». Los favoritismos en muchos casos no son más que un patético intento de competir con el cónyuge usando a los hijos como escudo humano. Las dificultades matrimoniales de Jacob trajeron favoritismos entre sus hijos. No hagamos tal cosa, y resolvamos las tensiones conyugales. Tratemos a cada hijo según sus capacidades, su edad, su madurez, pero amémoslos por igual. Porque tú tendrás varios hijos, pero cada uno de ellos tiene solo un padre y una madre que desean amar y que los amen.

La predilección se puede expresar dedicando tiempo, enviando regalos o expresando afecto. En el caso de Jacob, su favoritismo hacia

José era evidente y continuo, no solo en la forma especial en la que trataba a José, sino en esa túnica que José llevaba puesta todo el día de un lugar para otro. La túnica era un regalo de Jacob, su padre, y no era una túnica cualquiera sino una prenda de lujo digna de un príncipe. El hebreo *kuttonet* se refiere a una túnica costosa y delicada. De este término, seguramente a través del árabe, muchas lenguas europeas heredaron el término para referirse al algodón: *cotton* en inglés, *coton* en francés, o *cotó* en catalán.[27] Pero la túnica no solo se describe como *kuttonet*, sino como *kuttonet passim*. Larga. Extensa. Los sacerdotes del pueblo de Israel debían vestir largas túnicas de lino, y Tamar, hija del rey David, vestía una túnica de colores, «traje que vestían las hijas vírgenes de los reyes».[28]

Literalmente, la vestidura que Jacob regaló a José era una túnica larga. Las mangas eran anchas y extensas. Los faldones también eran amplios. No era un atuendo para trabajar en el campo recogiendo tomates, ni para ir al establo a ordeñar las vacas. Era una túnica digna de ser lucida en la corte de un palacio. Una túnica delicada. *Kuttonet*. Una prenda suave y frágil. Mucho más fina que aquella camisa de seda que un día llevaste a una boda y que no dejabas que nadie tocara. Pero, además, al ser descrita como una túnica «de colores», se entiende que era una túnica extremadamente costosa. Trabajada y decorada. En aquella época los tintes eran un lujo. Las vestiduras solían ser lisas y de un solo color, y una túnica de colores era algo que solo las familias reales se podían antojar. El hecho de su variedad de colores hacía que fuera una túnica llamativa. En el paisaje sobrio y seco del desierto, José debía lucir como el sol. Su túnica era muy vistosa. Sus hermanos debieron verlo llegar cuando aún faltaban kilómetros de distancia. *Veo a alguien en el horizonte*, quizá decía Judá. *¿De cuántos colores es?*, hubiese preguntado Leví. *Si es de muchos colores, seguro se trata de José*, habría contestado otro. José era, sin duda, un joven excelente, el preferido de su padre, y además vestido con una túnica majestuosa. Estamos delante de un verdadero príncipe de Israel.

El odio que sentían sus hermanos llegó a ser aún mayor después de que José tuviera dos sueños y los explicara. En el primer sueño, José y sus hermanos se hallaban en el campo, y las gavillas de sus hermanos se inclinaban delante de la suya. En el segundo sueño, el sol, la luna y once estrellas se inclinaban delante de José. Dios había prometido a Abraham que su descendencia sería como las estrellas de los cielos.[29] Y ahora que el pueblo de Israel se está empezando a formar, las once estrellas de ese sueño, que son los once hermanos de José, se inclinan ante él. ¿Será José príncipe sobre todos sus hermanos? ¿Incluso sobre Rubén, el primogénito? ¿Acaso también su padre y su madre habrán de rendirle pleitesía? ¿No será que la túnica de colores se le ha subido a la cabeza y ahora este jovenzuelo se cree el rey el mundo? José sabía que estos sueños provenían de Dios. No podía ocultarlos. Eran sueños proféticos. En efecto, José llegó a ser príncipe en Egipto. Y cuando faltase el alimento, cuando sus gavillas se inclinasen, habrían de acudir a él para no morir de hambre. Los hermanos de José pensaban que sus sueños denotaban delirios de grandeza. Que José se veía a sí mismo como superior a todos ellos. Pero su padre Jacob, aunque le llama la atención después de escuchar aquellos dos sueños proféticos, en realidad «meditaba en esto».[30] Siglos después, María, al escuchar las palabras de su joven hijo, también meditaría en ellas y las guardaría en su corazón.[31]

Jacob se sentía muy defraudado por sus hijos. Eran desobedientes e irresponsables. En contraste con ellos, José era un hijo obediente hasta lo sumo. José cumplió con las instrucciones de su padre. José habló a sus hermanos en nombre de su padre, aunque a ellos no les gustara oír lo que les tenía que decir. Jacob se sentía profundamente orgulloso de su hijo José. La túnica de José expresaba la gran satisfacción de su padre Jacob. Pero en este relato no hemos de quedarnos tan solo con la virtud de José y el amor de Jacob. Hemos de ser capaces de ver en estos versos un hermoso anticipo del evangelio del Señor Jesucristo. En efecto, hay Alguien que llevó una túnica aún más hermosa y excelente que la túnica de José. ¡Cristo Jesús! El unigénito del Padre. Su Hijo amado. Dios ama a Su Hijo más que a nada en el mundo, y Dios no hace mal en tener favoritismos. Su amor es siempre perfecto y justo. Dios hace bien en amar a Cristo sobre todas las cosas, porque solo Cristo complace al Padre en todo momento.

En la eternidad pasada, el Hijo ya complacía al Padre. Hubo ángeles que desobedecieron y fueron echados de la presencia de Dios, pero el Hijo Eterno siempre estuvo sujeto a Su Padre y agradándole en todo. En la tierra, el hombre también pecó y fue expulsado de la presencia de Dios en el Edén. Pero el Hijo quiso tomar forma humana para vivir una vida obediente y agradable al Padre. Todos nosotros nos hemos desviado y ninguno hace lo bueno.[32] Somos rebeldes y desobedientes. Pero Cristo es todo perfección. Se encarnó y vivió agradando al Padre constantemente. Cuando Jesús fue bautizado por Juan el Bautista, el Padre exclamó desde el cielo: «Tú eres mi Hijo amado; en ti tengo complacencia».[33] Jesús complace y alegra el corazón de Su Padre más que ninguna otra cosa en el universo. Jesús es el preferido del Padre.

Así mismo, Cristo está vestido de gloria, con una túnica celestial que supera todas nuestras expectativas. Los hermanos de José le tenían envidia, porque él acaparaba la atención y el afecto de su padre. *¡En ninguno de nosotros se hubiera gastado nuestro padre tanto dinero! ¡Vaya túnica más preciosa! ¡Es como si todo el dinero familiar* *fuera para él!* Más aún con Cristo. ¡Todo le pertenece a Él! Porque Cristo es:

> «… el primogénito de toda creación. Porque en él fueron creadas todas las cosas, las que hay en los cielos y las que hay en la tierra, visibles e invisibles; sean tronos, sean dominios, sean principados, sean potestades; todo fue creado por medio de él y para él». (Colosenses 1:15,16)

Cristo lo creó todo, porque todo fue creado por medio de la voz de Dios, y el verbo de Dios es Él. Pero además de ser el Creador de todas las cosas, todas las cosas fueron creadas para Él. Para Su gloria, para Su deleite. ¡Qué hermosa sería la túnica celestial de Cristo! ¡La túnica de muchos colores que el Padre le dio! Necesitarías el arcoíris para pintarla. El rojo de una puesta de sol, el azul intenso del mar, el blanco de la nieve, el verde de las praderas para darle tonalidad. Necesitarías a Saturno, Urano y Neptuno para usarlos como botones. Así de majestuosa la túnica del Hijo Amado de Dios.

Los hermanos de José no podían hablarle pacíficamente, porque hablaba la verdad y era fiel a su padre. A Cristo tampoco podían hablarle pacíficamente porque denunciaba el pecado de los hombres y buscaba agradar a Su Padre celestial. Por eso Jesucristo fue «despreciado y desechado entre los hombres».[34] Le buscaban para matarle. Fue traicionado, vendido y maltratado. Como José, Cristo fue despojado de su preciosa túnica. La tomaron, la rasgaron y la mancharon. Los hermanos de José se hicieron con «la túnica de José, y degollaron un cabrito de las cabras, y tiñeron la túnica con la sangre».[35] Jacob, su padre, había hecho esa túnica. La había teñido con los tintes más caros del mercado, y la había puesto sobre los hombros de su hijo amado. Y ahora sus hermanos la arrancan de los hombros de José, la rasgan y la tiñen con sangre.

¿No es eso lo que tú y yo hicimos con Jesús de Nazaret? Queriendo ocupar su lugar, por envidia, por rebeldía, por celos, por orgullo, matamos al Hijo Amado de Dios. Nos desagradaba Su obediencia al Padre y sus palabras nos mostraban nuestro pecado y rebeldía. Le despreciamos y queríamos acabar con Él. ¿Pero sabes cuál es la diferencia entre José y Jesús? A José todo esto lo tomó por sorpresa, pero a Jesús no. Cristo se entregó a sí mismo por amor a nosotros. Jesucristo,

«…siendo en forma de Dios, no estimó el ser igual a Dios como cosa a que aferrarse, sino que se despojó a sí mismo, tomando forma de siervo, hecho semejante a los hombres; y estando en la condición de hombre, se humilló a sí mismo, haciéndose obediente hasta la muerte, y muerte de cruz». (Filipenses 2:5-8)

Cristo tenía todo el favor de Su Padre, la gloria celestial y la creación a sus pies. Cristo sabía de nuestra necesidad de un Redentor, de un Salvador, de un Cordero para el sacrificio en nuestro favor. Aunque a nuestros ojos parece que los hombres lo despojaron de Su túnica de colores, es Cristo quien se despojó a sí mismo de Su túnica celestial, de su *kuttonet passim*, y caminó voluntariamente hacia la cruz del Calvario. Esas manos que los ángeles y los querubines besaban fueron por nosotros con clavos traspasadas. Nuestro desprecio hacia Cristo fue horroroso, pero Su gracia es mayor. Cómo no habremos de adorar a un Salvador tan hermoso.

La gracia de Dios en tu vida

1. ¿Cómo describirías la familia de José? Explica todos los problemas que mostraba.
2. ¿Cómo describirías tu familia? ¿Qué problemas muestra?
3. ¿Culpas a tu familia y tu pasado de tus luchas y dificultades presentes? ¿De cuáles? ¿Por qué crees que es culpa de tu familia y de tu pasado?
4. A pesar de su familia, ¿cómo era José? ¿De qué maneras agradaba a su padre Jacob?
5. Medita un momento en el ejemplo de José, y escribe de qué manera puedes buscar la excelencia en tu familia a pesar de la actitud de tus familiares. ¿Cómo puedes ser más servicial, obediente y amoroso en tu hogar? ¿Cómo puedes dejar el pasado atrás y hacer que no sea una excusa para no seguir adelante?
6. Vuelve a leer Génesis 37:5-8. En el sueño las gavillas de los hermanos se inclinan ante la gavilla de José, anticipando la necesidad de alimento que había de venir y que los llevaría a inclinarse ante José como mayordomo de Egipto. ¿Cómo expresa este sueño tu necesidad de Cristo?
7. Vuelve a leer Génesis 37:9-11. En el sueño el sol, la luna y las once estrellas se inclinan ante José, anticipando que toda su familia se inclinaría ante la grandeza de él cuando fuera soberano sobre toda la tierra. ¿Cómo expresa este sueño tu adoración hacia la grandeza de Cristo?

SU GRACIA ES MAYOR

8. ¿Cómo era la túnica que Jacob le regaló a José? ¿Por qué estaban enojados los hermanos de José?

9. José era tan precioso para su padre Jacob, y a su vez tan despreciado por sus hermanos. ¿De qué manera el desprecio de los hermanos de José nos habla del desprecio de los hombres hacia Jesús?

10. ¿De qué manera la túnica de José nos habla de la majestad del Señor Jesucristo?

3

VENDIDO POR SUS HERMANOS

Génesis 37:12-36

José era el preferido de su padre, quien le había llenado de honores. Pero, además, ¡José parecía ser también el preferido de Dios! Cuando sus hermanos están apacentando las ovejas y le ven venir de lejos, exclaman «He aquí viene el soñador».[36] La envidia que sentían por él se va tornando en odio, y en un profundo deseo de acabar con su vida. Sus hermanos solo ven en él orgullo y prepotencia, pero la túnica de colores anunciaba el favor de Jacob, y sus sueños pregonaban que había sido escogido por Dios para algo muy grande. En la casa de su padre José era amado y honrado; pero ahora está a punto de perderlo todo. Le espera un amargo viaje desde el cálido hogar hasta el pozo frío. En esta gran pérdida sentiremos muy de cerca el dolor de José. Casi lo podremos tocar. Pero en su desconsuelo nosotros nos maravillaremos del evangelio. El desprecio que sufrió José anuncia la renuncia y el sacrificio de Cristo, quien se despojó de su túnica celestial para tomar forma de siervo. El Señor Jesús dejó su trono a la diestra del Padre para padecer hasta llegar al sepulcro. La historia de José ilustra todo esto ante nosotros de una forma sorprendente.

Los hermanos de José salen hacia Siquem para apacentar allí las ovejas. Mencionar Siquem nos recuerda lo sucedido con su hermana Dina, y de qué manera se tomaron la justicia por su mano.[37] Se desplazaron porque Israel era un pueblo seminómada, que se establecía en un área concreta para luego hacer cortos viajes con el rebaño a zonas un poco más alejadas. En esta ocasión los hermanos de José viajaron desde Hebrón hasta Siquem, a unos ochenta kilómetros de distancia. Pasado el tiempo, Jacob no tenía manera de saber si sus hijos estaban bien. No había teléfonos móviles ni internet en esa época, así que la única manera de recibir buenas noticias era enviar a un mensajero que pudiera ver cómo estaban. Jacob decide enviar a José. Se trata de un viaje largo, al menos de dos días de camino, y además peligroso para un joven de diecisiete años. En el camino uno podría toparse con ladrones, o incluso ser asaltado por alguna fiera. Jacob es consciente del riesgo, y sin embargo le pide a José que vaya a ver a sus hermanos, a lo cual José responde: «Heme aquí». ¡Qué disposición! ¡Qué obediencia! No hubo excusas ni quejas por parte de José. Tan solo dijo: «Heme aquí». Estoy dispuesto. Qué orgullo para un padre. Tal como dice la Palabra: «Hijos, obedeced en el Señor a vuestros padres, porque esto es justo».[38] Jacob y José se despidieron. «Ve con cuidado hijo mío». Se dieron un abrazo. Seguro estoy que ese abrazo fue emotivo; pero hubiera sido mucho más largo y conmovedor si ambos hubieran sabido que no volverían a verse hasta pasados veinte años. José salió de su casa, de la presencia de su padre, para no volver.

José no encontró a sus hermanos en Siquem. En ese instante bien podría haber regresado a su casa y haberle dicho a su padre, *Padre, no los encontré... no sé qué habrá sido de ellos... siento no poder traerte mejores noticias...* De haber regresado, su vida hubiera sido mucho más sencilla. Muchas dificultades vendrían sobre José por querer cumplir con su llamado y satisfacer a su padre. Pero José se esforzó por agradar a Jacob y cumplió con su misión. Al buscar a sus hermanos se encuentra con un viajero que había escuchado la conversación de sus hermanos, y oyó que querían ir a Dotán, a unos veinticinco kilómetros más hacia el norte. Un viajero casualmente pasó por el lugar, casualmente oyó de qué hablaban, casualmente se cruzó después con José, casualmente le preguntó a quién buscaba, casualmente... Cuántas casualidades en la vida de José, y en la tuya también, que son capaces de cambiar el rumbo de nuestra historia. Cuántos detalles fortuitos, que el mundo confiando en el azar llama *coincidencias*, y nosotros confiando en Dios llamamos *providencias*.

Sus hermanos ven venir a José desde el horizonte. La túnica de colores delata su presencia aún desde lejos. Pero sus hermanos no se alegran de su llegada. En ese momento no piensan y dicen *Cómo se preocupa nuestro padre por nosotros, que ha enviado a José para ver cómo estamos.* Tampoco piensan *Qué buen hermano es José, que a pesar del largo y duro viaje ha venido a vernos.* Más bien empezaron a murmurar *Ya está aquí el soñador.* Y «conspiraron contra él para matarle».[39] No soportan la idea de que José pueda llegar a ser superior a ellos. Quieren acabar con José. ¡Quieren acabar con sus sueños! ¡Quieren alejarlo de sus vidas! Y como Caín se levantó contra Abel en el campo, ahora tenemos en el campo a diez «Caín» que se levantan contra José, el pastor de ovejas.

No estamos delante de un asesinato improvisado. Incluye premeditación y alevosía. Los diez hermanos hablan entre ellos atropelladamente, y sus planes van cambiando. Cada paso que José da acercándose a sus hermanos, avanza también el plan de sus hermanos contra él. El plan «A» es matarle y luego echar su cuerpo en una cisterna, donde nadie pueda encontrarlo. Pero Rubén, el hermano mayor, presenta el plan «B»: «No derraméis sangre; echadlo en esta cisterna que está en el desierto, y no pongáis mano en él».[40] *¿Para qué mancharnos las manos con su sangre? Igualmente va a morir si le abandonamos en este pozo seco. Nadie le sacará de ahí*, pensaron seguramente dentro de sí. Pero Rubén decía estas cosas con la esperanza de sacarlo luego y llevarlo de regreso a su padre.

Enfurecidos, sus hermanos le quitaron la túnica y echaron a José en el pozo vacío. Y aquí encontramos uno de los detalles más sorprendentes de este pasaje. José está en el fondo del pozo, suplicando a sus hermanos que tengan piedad de él. Pero sus hermanos «se sentaron a comer pan».[41] ¡Se sentaron a cenar en una situación así! ¡Escuchando de fondo los lamentos de José! ¿No has sentido alguna vez que se te cierra el estómago? A mí me ha pasado. En alguna ocasión, cuando estás muy preocupado, o sabes que alguien a quien amas está sufriendo, te preguntan si quieres comer algo y solo respondes: «No, no tengo hambre». Es una respuesta natural de nuestros cuerpos. La preocupación te hace perder el apetito. Pero vemos en esta escena a José clamando desde el fondo del pozo, mientras que sus hermanos se sientan tranquilamente a cenar como si nada estuviera pasando. ¡¿Cómo podían ser tan fríos?! ¡¿Cómo podían tener tan poca misericordia?!

Mientras cenaban, pasó por allí una caravana de ismaelitas, de camino a vender sus productos en Egipto. Sus camellos iban cargados con aromas, bálsamo y mirra. Como si se tratara de unos magos de oriente del Antiguo Testamento. Solo que estos no iban a regalar sus mercancías al escogido de Dios, sino que tomarían al escogido de Dios para venderlo como mercancía. Judá entonces tiene una buena idea. Un plan «C». «Vendámosle a los ismaelitas».[42] *Así no derramaremos su sangre, y de paso sacamos un provecho. ¿Acaso no se gastó nuestro padre un dineral en esa túnica de colores? Ahora venderemos al soñador, y todos tendremos nuestra parte*, bien pudieron haber dicho entre sí. Qué calamidad. Si Abraham pudiera ver lo que está a punto de suceder. Un hijo de Isaac comprado por unos hijos de Ismael. El hijo del libre, hecho esclavo por los hijos del esclavo. Los descendientes de la egipcia Agar llevándose a Egipto al descendiente de su amada Sara.

Los hermanos de José cambian continuamente de plan con respecto a él. Sin duda, nosotros también cambiamos con frecuencia nuestros planes. Pero el plan de Dios siempre se cumple perfectamente. Si estuviéramos allí, presenciando todo esto, estaríamos de rodillas suplicándole al Señor que se cumplieran los planes de Rubén, que por la noche pudiera venir a sacar a José del pozo, y que José pudiera regresar con su padre Jacob. Para entonces todos estarían en Canaán cuando llegara la hambruna. Todos hubieran viajado a Egipto por comida y no habrían encontrado alimento allí. ¡El pueblo de Israel hubiera muerto! ¿Y de dónde hubiera venido el Mesías? Dios, en Su perfecta voluntad, permitió que José fuera maltratado y vendido como esclavo, porque había de ser el administrador de Faraón, y había de proveer alimento para sus propios hermanos. En nuestros momentos de prueba y dolor recordemos esto: cuando oramos a Dios suplicando una solución, hemos de tener presente que Su voluntad siempre supera con creces lo que nosotros pensamos que es mejor. «Señor, ¡hágase tu voluntad, así en los cielos como en la tierra!».

No se cumplieron los planes de Rubén, pero sí los planes de Dios. Finalmente, Judá vendió a su hermano José por veinte monedas de plata.[43] ¡Vendieron a su propio hermano! ¡Qué atrocidades se pueden llegar a cometer cuando alguien está dominado por el pecado! ¡La ira, la envidia, la codicia, el orgullo! El pecado ciega los ojos, nubla el entendimiento, anestesia las emociones. ¿Cómo iban a cubrir ahora sus faltas? Habían despojado a José de su túnica. Lo habían echado en un pozo. Lo habían dejado gritar y clamar por clemencia. Lo habían vendido por unas monedas. ¿Cómo iban a regresar a su padre? ¿Qué le iban a decir? Todos ellos eran culpables. Ninguno podía acusar a los otros. Rubén y

Judá habían intentado no derramar la sangre de José, pero eran culpables también de los malos tratos. Además, eran de los mayores y tenían mayor culpa por su posición. Era necesario cubrir el delito. Alguien había de morir por lo sucedido: «Entonces tomaron ellos la túnica de José, y degollaron un cabrito de las cabras, y tiñeron la túnica con la sangre».[44] Aquella túnica que el padre de José había teñido con los tintes más costosos, ahora los hermanos de José con sangre inocente la pintan de rojo.

Los eventos en la vida de José elevan nuestra mirada hacia la obra redentora de Dios por nosotros. En primer lugar, así como Jacob envió a José a ver a sus hermanos, el Padre envió al Hijo a visitarnos. Estábamos todos nosotros perdidos y descarriados, como ovejas que no tienen pastor. Pero nuestro Padre celestial, en Su majestad y en Su gracia, quiso trazar un plan de salvación y escoger un pueblo para Su gloria. Dios el Espíritu determinó aplicar la salvación a nuestros corazones, y Dios el Hijo se entregó a sí mismo, haciéndose humano y muriendo en la cruz del Calvario, «porque de tal manera amó Dios al mundo, que ha dado a su hijo unigénito...».[45] Como José, Cristo estuvo dispuesto a ello. Cuando Jacob quiso visitar a sus hijos, José dijo «Heme aquí». Cuando Dios el Padre quiso visitar su Creación, el Hijo Eterno dijo «Heme aquí». El viaje de José fue largo, pero aún más largo fue el viaje de Jesucristo. Descendió de Su trono eterno, se encarnó en un bebé, vivió una vida obediente, fue bautizado, hizo milagros, enseñó a las multitudes, fue crucificado, fue sepultado, resucitó al tercer día, se apareció a sus discípulos, y ascendió a la gloria. Fue un viaje largo, difícil, doloroso, pero nunca hubo una sola queja en sus labios. *Padre. Yo iré. Tu pueblo necesita un Salvador. Los pecadores necesitan de un Cordero para el sacrificio. Heme aquí*, era el sentir de Jesús.

En segundo lugar, al igual que los hermanos de José tramaban matarle, el pueblo de Cristo planeaba Su muerte. José no fue a visitar a los madianitas, ni a los egipcios, ni a los asirios. José fue a visitar a los suyos. En su largo viaje, podía haber encontrado muchos peligros, pero no imaginó que el mayor peligro pudieran ser sus propios hermanos. Al llegar donde ellos, no le ofrecieron agua, ni comida, ni un beso de bienvenida. Lo despojaron de su túnica, lo golpearon y lo echaron a un pozo. Así mismo sucedió con el Señor Jesucristo: «Aquella luz verdadera, que alumbra a todo hombre, venía a este mundo. En el mundo estaba, y el mundo por él fue hecho; pero el mundo no le conoció. A lo suyo vino, y los suyos no le recibieron».[46] Las personas no soportan a Jesús porque Su santidad les muestra su pecado. El pecador no quiere nada que venga de Dios prefiriendo vivir en su rebeldía, en su pecado, en su orgullo, en su autosuficiencia. Recordemos la parábola de los labradores malos. Luego de tres intentos de obtener el fruto de su viña, el amo pensó:

«¿Qué haré? Enviaré a mi hijo amado; quizás cuando le vean a él, le tendrán respeto. Mas los labradores, al verle, discutían entre sí, diciendo: Éste es el heredero; venid, matémosle, para que la heredad sea nuestra. Y le echaron fuera de la viña, y le mataron. ¿Qué, pues, les hará el señor de la viña?». (Lucas 20:13-15)

¿Qué habrá de hacer el amo con estos labradores malvados? ¿Qué habrá de hacer Jacob con sus hijos despiadados? ¿Qué habrá de hacer Dios contigo y conmigo y con todos los hombres y mujeres de este mundo, si cuando Él envió a su Hijo amado, nosotros lo matamos?

En esta historia vemos también que, así como José fue vendido por Judá, Jesús fue vendido por Judas. Rubén, ejerciendo su liderazgo como el mayor, buscó la manera de dejar a José en libertad. «Echadle en el pozo, pero no le matéis». Del mismo modo Pilato, estando en autoridad, hizo un tímido intento de salvar a Jesús. Pero los planes de Rubén y Pilato no prosperaron. Cristo había de ser vendido, maltratado y sacrificado. ¿Puedes ver el paralelismo entre José y Jesús? Los hermanos de José cenaban, y los apóstoles también cenaban antes de la muerte del Señor. Entre ellos está Judá, el traidor que venderá a José por veinte piezas de plata, y entre los apóstoles estaba Judas, aquel que vendió a Jesús por treinta monedas. Jesús descendió al sepulcro y resucitó, tal como José fue echado al oscuro pozo y luego salió de él. Jesús fue llevado a Egipto, lejos de Herodes que quería matarlo; José fue llevado a Egipto, lejos de sus hermanos que querían matarlo. Ambos, José y Jesús, fueron despojados de sus preciosas vestiduras, una de diversos colores y la otra sin costuras. ¿Coincidencia? ¡Providencia! José es un elocuente anticipo del que había de venir, el Cristo, el Mesías, el Hijo de Dios.

Está claro que en esta historia, José es un tipo de Cristo Jesús. Pero en esta historia, José no muere. Es llevado preso a Egipto, pero sigue vivo. Después de todos los intentos y planes de sus hermanos, y toda su ira contra él, ¿cómo pudo haber salido vivo? ¡Porque la sangre de otro fue derramada por él! Un cabrito fue tomado del rebaño. Un animal inocente. Pusieron un cuchillo en su garganta y su sangre empezó a caer sobre la túnica de colores de José. Esa sangre derramada sobre la túnica debía ser la de José, pero otro murió por él. Otro derramó su sangre en su lugar, y al ver la túnica manchada Jacob pensó que la sangre vertida era la de José, aunque José en realidad seguía vivo.

En esta historia, José también vivió la realidad del evangelio de una forma increíble. Así como la sangre de un animal tuvo que ser derramada para que José viviera, la sangre de Cristo tuvo que ser derramada para darnos vida eterna. Eso es lo que recibió Jacob. La túnica de su hijo manchada con sangre, y al mirarla Jacob lloró amargamente. Él mismo había enviado a su hijo a ver cómo estaban sus hermanos. Sentía que lo había enviado a la muerte. Jacob vio la sangre que manchaba la túnica y pensó que José había muerto. Legalmente, José ha muerto. En el corazón de Jacob, José ha muerto. Lo que Jacob no sabe es que la sangre en esa túnica no era la de su hijo José, sino la de un sustituto.

Así como José fue sustituido por un inocente animal, tú y yo somos sustituidos por el Cordero de Dios. Como José, tú eres preso del pecado. Tú has caído en manos del diablo y sus demonios. Tú estás en el pozo de la desesperación. No ves la luz. No hay salvación para ti. Vas a morir. Clamas desesperado desde la oscuridad. Como José oyes planes de muerte desde el fondo del pozo. Te espera la sentencia eterna. Tu Padre celestial en breve recibirá tu túnica manchada de sangre. De tu sangre. Al fin y al cabo, es lo que mereces. Sabes que eres pecador, y la paga del pecado es muerte. Se ha de hacer justicia contigo. Pero entonces te sacan del pozo, y cuando ya casi sentías el frío cuchillo en tu garganta ves que otro está siendo sacrificado por ti. Su sangre se derrama. Tu túnica es manchada con Su sangre preciosa. Es Cristo Jesús, el Cordero de Dios. Tu condición era desesperada, pero Su gracia es mayor. Es Su sangre la que mancha la túnica que van a presentar ante al Padre celestial. Tu Padre recibe esa misma túnica. Ve la sangre del Cordero como si fuera la tuya. A los ojos del Padre celestial, tú ya has muerto. Estás libre de tus culpas. Pero sigues vivo. Muerto al pecado, pero vivo con Cristo. ¿Cómo habrás de vivir entonces, si tu Salvador ya murió tu muerte?

«Con Cristo estoy juntamente crucificado, y ya no vivo yo, mas vive Cristo en mí; y lo que ahora vivo en la carne, lo vivo en la fe del Hijo de Dios, el cual me amó y se entregó a sí mismo por mí». (Gálatas 2:20)

La gracia de Dios en tu vida

1. Jacob envió a José a ver a sus hermanos, y José cumplió con el deseo de su padre de forma excelente. ¿En qué detalles puedes ver la obediencia de José? ¿De qué forma la obediencia de José refleja la obediencia de Cristo a Su Padre?

2. Los hermanos de José lo recibieron de forma violenta. Mira las citas, y comenta de qué manera los siguientes aspectos de la vida de José nos sugieren un preludio de la pasión de Cristo.

   a. *El deseo de sus hermanos de matarle* (Gén. 37:20; Mat. 26:1-4)

   b. *La tímida defensa de Rubén* (Gén. 37:21,22; Luc. 23:4)

   c. *Le quitaron su túnica* (Gén. 37:23; Mat. 27:35)

   d. *Lo echaron en una cisterna vacía* (Gén. 37:24; Luc. 23:50-53)

   e. *Se sentaron a cenar* (Gén. 37:25; Luc. 22:7,8)

   f. *Lo vendieron por unas monedas* (Gén. 37:26-28; Mat. 26:14-16)

   g. *Rubén no lo encuentra* (Gén. 37:29,30; Juan 20:1-10)

   h. *Es llevado a Egipto* (Gén. 37:36; Mat. 2:13)

3. José pudo experimentar en su propia historia un anticipo del evangelio. ¿Qué sangre fue finalmente derramada? ¿A quién apunta la sangre vertida sobre la túnica de José?

4. A ojos de Jacob, ¿de quién era la sangre que teñía la túnica? Del mismo modo, a ojos del Padre celestial, ¿de quién es la sangre derramada en la cruz?

5. Expresa tus palabras de gratitud a Dios por ese glorioso intercambio. Cristo, el Cordero de Dios, muriendo en tu lugar para darte nueva vida.

4

TENTACIÓN

Génesis 39:1-23

Hay batallas que son largas y costosas, pero tarde o temprano llegan a su fin. Hay enemigos que son despiadados, pero un día acaban desistiendo en su empeño. Sin embargo, hay una guerra que se libra en nuestro interior que dura toda la vida. Ante esta contienda no podemos capitular ni podemos esperar una tregua. Cada día tenemos un conflicto armado con la tentación y el pecado que habita en nosotros. Este enemigo jamás abandona las armas. Satanás es un tirano que pretende esclavizarte de por vida. En esta encarnizada lucha contra el mal, tal vez perdamos batallas, pero jamás perderemos la guerra porque Cristo ya la ha vencido por nosotros en la cruz del Calvario. En palabras del apóstol Pablo «… estamos atribulados en todo, mas no angustiados; en apuros, mas no desesperados; perseguidos, mas no desamparados; derribados, pero no destruidos…».[47] Aún en las pruebas más duras esperamos gozosos ese día glorioso en el que nuestro mayor enemigo, el pecado, sea lanzado al infierno y la victoria de Cristo sea plenamente manifestada.

Habíamos dejado nuestra historia con la tristeza de Jacob tras recibir la noticia de la muerte de José: «Descenderé enlutado a mi hijo hasta el Seol».[48] Pero la conclusión de Jacob no era cierta. No iba a guardar luto por José hasta el día de su entierro. Dios tenía un plan lleno de esperanza, y Jacob habría de ver a José sentado en el trono de Faraón gobernando sobre el imperio más grande de la tierra. Pero ese día precioso iba a llegar después de diversas pruebas. José fue maltratado por sus hermanos, alejado de su padre, vendido como esclavo, llevado a tierra extraña, y aun tenía pendiente librar otra dura batalla. Las anteriores habían sido externas; pero en esta ocasión la batalla era más bien interna, porque el pecado que yace escondido en su corazón como un caballo de Troya iba a despertar de su sueño para ponerle a prueba.

El lector se habrá percatado de que nos hemos saltado el capítulo 38 del Génesis. La omisión es intencionada, pues estamos viendo la vida de José y el capítulo 38 nos habla de Judá. Sin embargo, es valioso meditar por un instante en este capítulo que parece insertado caprichosamente en medio de las vivencias de José. El relato del pecado de Judá con Tamar es puesto a propósito por Moisés justo antes del relato de José y la mujer de Potifar. Moisés, como hábil autor, quiere de esta manera mostrarnos el gran contraste entre Judá y José. Judá, el traidor que vendió a su hermano, buscó a una prostituta a las puertas de la ciudad. Mientras tanto José, maltratado siendo inocente, es vendido como siervo a Egipto y allí resiste la tentación. Una vez más el relato nos enseña que no son las circunstancias las que nos obligan a obrar de una u otra manera, sino que nuestras decisiones provienen de nuestro corazón, en el cual se libra una batalla mortal contra el pecado que nos asedia.[49] En Egipto, lejos de su tierra, José sigue esperando en Dios. A pesar de la lejanía con los suyos Dios sigue estando cerca, porque «Jehová estaba con José».[50] Dios estaba con José en sus días de cautiverio. En aquel entonces había la creencia popular de que los dioses eran

TENTACIÓN

territoriales, pero aquí podemos leer maravillados que el Dios de Israel viaja a Egipto con José. En su esclavitud Dios lo acompaña. Nunca lo deja solo. Qué consuelo para nosotros los creyentes saber que dondequiera que vayamos, no importa qué tan lejos estemos o cuán extraño sea el lugar, el Señor nos acompaña. Qué ánimo en nuestra batalla contra el mal, en la que tantas veces nos faltan las fuerzas, saber que Dios estará con nosotros.[51]

En Egipto José fue comprado por Potifar, jefe de la guardia de Faraón y de la fuerza militar egipcia. El relato enfatiza la distancia enorme que había entre José y Potifar para que comprendamos su gran indefensión. José es extranjero, pobre, desvalido, y esclavo. Potifar es un hombre influyente, rico, poderoso, de estirpe, un «varón egipcio». José un pobre esclavo hebreo. Potifar el jefe de la *Gestapo* de Faraón. Cualquier castigo y condena es llevada a cabo por Potifar. Cualquier investigación criminal la supervisa Potifar. Está acostumbrado a juzgar casos difíciles, a condenar a muerte a los culpables, a atacar a los enemigos de Faraón. Qué temor tan grande supone defraudar a un hombre de tal preeminencia. Pero aun siendo un amo tan exigente, Potifar estaba totalmente complacido con José. Depositó una confianza plena en José. Lo hizo su mayordomo, y lo puso sobre todos sus negocios, su casa, sus tierras. Se nos dice que José «fue varón próspero»,[52] que todo lo que José emprendía «Jehová lo hacía prosperar en su mano».[53] José buscaba el favor de Dios y se alejaba del mal. Y Dios bendecía la obra de sus manos. Al bendecir a José, Dios estaba bendiciendo la casa de Potifar. José nos recuerda al varón del Salmo 1, cuando dice:

«Bienaventurado el varón que no anduvo en consejo de malos,
Ni estuvo en camino de pecadores, Ni en silla de escarnecedores
se ha sentado; Sino que en la ley de Jehová está su delicia, Y en su

ley medita de día y de noche. Será como árbol plantado junto a corrientes de aguas, Que da su fruto en su tiempo, Y su hoja no cae; Y todo lo que hace, prosperará». (Salmos 1:1-3)

Sin duda José se presenta ante nosotros como un ejemplo digno de imitar en conducta y testimonio. Fue un hijo obediente y servicial en casa de su padre, y ahora en casa de Potifar, es un siervo en quien su amo confía plenamente. Más adelante, cuando sea echado en la cárcel, la historia se repetirá. De nuevo escuchamos que «Jehová estaba con José», pues aún en prisión, el carcelero confió todas las cosas en manos de José, ¡incluyendo el cuidado de todos los demás presos![54] José es por tanto un ejemplo para nosotros en su excelencia del trabajo. Aunque es un esclavo, no se lamenta diciendo *¡Ay de mí! ¡Cómo voy a salir de esta situación!* José trabajó fielmente confiando en la protección y la provisión de Dios. Aun siendo un siervo, no buscó su propio beneficio, sino que procuró el bien de los negocios de su amo. Dios vio su fidelidad, y al ser fiel en lo poco Dios lo puso sobre mucho. Aunque José estaba viviendo en la casa de Potifar y administraba sus bienes, José sabía muy bien que es Dios quien lo estaba viendo y sería ante Dios que debía rendir cuentas. Tal como dice la Palabra:

«Siervos, obedeced a vuestros amos terrenales con temor y temblor, con sencillez de vuestro corazón, como a Cristo; no sirviendo al ojo, como los que quieren agradar a los hombres, sino como siervos de Cristo, de corazón haciendo la voluntad de Dios; sirviendo de buena voluntad, como al Señor y no a los hombres». (Efesios 6:5-7)

Con su obediencia, su constancia y su fidelidad, José muestra que es un verdadero hijo de Dios, y que Dios está con él. De la misma manera nos hemos de conducir nosotros en nuestros asuntos. Que allá donde el Señor te lleve, en tu trabajo, en la fábrica, en el taller, en la universidad, o en el despacho, ya sea en casa, saliendo de viaje, o estudiando, muestres tu fe en la excelencia y la lealtad con la que trabajas. Demuestra con tu esfuerzo lo que crees, en quién crees, y si de verdad crees lo que dices que crees. Que con tu conducta adornes la doctrina de Cristo.[55] Por pequeñas que te parezcan tus ocupaciones, recuerda que todas ellas son para la gloria de Dios. Es importante lo que hacemos, y la manera en que lo hacemos. No hay trabajos laicos, ni trabajos religiosos. No hay trabajos más dignos que otros. Todo lo que el cristiano hace es una labor espiritual porque lo hace bajo la mirada de su Señor, y lo hace para testimonio al mundo.

Seguro que José empezó por poco. Tal vez al principio Potifar lo mandó que ayudara en la cocina, o cuidara del jardín, o lavara sus caballos. Al cabo de un tiempo, Potifar notaría que jamás ninguno de sus siervos había lavado sus caballos tan bien y con tan buena actitud como José, quien trabajaba sabiendo que Dios lo estaba mirando, pero Potifar lo estaba observando también. ¿Y cuánto tiempo estuvo así José? Veamos, si no nos fallan las matemáticas: José tenía diecisiete años cuando fue vendido a Potifar, y a la edad de treinta fue presentado ante Faraón; eso supone un período de trece años. Si restamos a esos trece años los más de dos años que estuvo en la cárcel, José debió de estar sirviendo a Potifar algo más de diez años.[56] Durante ese tiempo el joven José fue creciendo en responsabilidad, hasta ver cómo Potifar lo ponía como mayordomo de todas sus posesiones, pues vio que Dios estaba con él. Todo lo que era de Potifar estaba en manos de José.

Sí. Todo lo que era de Potifar estaba en manos de José. José administraba las finanzas, los campos de trigo, las tareas de los siervos, la administración de la casa, el cuidado de los rebaños, ¡tenía potestad sobre todo!, excepto la esposa de Potifar. Durante más de diez años José sirvió a su amo sin conflicto alguno. Estuvo más de diez años sirviendo fielmente a su Señor celestial, y por ende agradando en todo a su señor terrenal. La Palabra claramente nos enseña que honrando a nuestros amos terrenales estamos obedeciendo a Dios y adornando la fe.[57] Pero a lo largo de la vida, y en cualquier ocupación, siempre acaba llegando ese momento en el que el creyente ve que es necesario agradar a Dios antes que a los hombres.[58] Sucedió con José, y sucede con nosotros. Ya seas médico, abogado, profesor, deportista, estudiante o albañil, todos nosotros nos encontramos tarde o temprano con el conflicto de tener que agradar a Dios antes que a Potifar. Ese ha sido el gran reto del ser humano desde el principio, desde que la serpiente tentó a nuestros primeros padres, obedecer primero la voluntad de Dios cueste lo que cueste.

En esta ocasión la mujer de Potifar es como la serpiente del Edén. Ella misma se nos presenta como la serpiente engañosa y el fruto prohibido al mismo tiempo. Por su actitud no es descabellado intuir que ya había engañado a Potifar con otros hombres mientras su marido estaba ausente en sus largas campañas militares. Cuando José llegó a la casa, en un principio no le debió resultar llamativo. José era tan solo un mozuelo de diecisiete años. Pero transcurridos diez años allí, José se había convertido en todo un hombre de veintisiete años. Además, nos dice el texto que José «era de hermoso semblante y bella presencia».[59] La mujer de Potifar puso sus ojos sobre él y se encaprichó con José. Lo merodeaba y lo acosaba como un león a su presa. *¡Acuéstate conmigo José! no hay nadie en la casa. José, mi marido está de viaje. José, yo no se lo diré a nadie.*

Nuestra sociedad valora muchísimo el atractivo físico, pero muchas veces esto conlleva sus riesgos. La belleza no es siempre una bendición. En algunos casos, la hermosura física trae consigo retos muy particulares.

La belleza física puede parecer una gran ventaja en las relaciones personales, pero también es cierto que puede fascinar a personas que solo ven la belleza física. Los jóvenes pueden confiar en exceso en su atractivo, y agradar a muchos pecadores malintencionados que solo aportarán tristezas a su vida. Una joya bonita llama la atención de los más expertos joyeros, y así mismo el interés de los ladrones más rastreros. Algunos personajes bíblicos, al igual que José, eran hermosos de aspecto y su belleza les metió en problemas importantes. También sabemos que Sara era muy hermosa, y Abraham mintió al rey Abimelec diciendo que Sara era su hermana, por temor a que lo mataran para quedarse con ella.[60] La belleza puede tentarnos a depender mucho de ella. Una cara bonita abre muchas puertas, pero un aspecto agradable también puede empujarnos al narcisismo, al orgullo, la prepotencia, y una gran tristeza al ver que el cuerpo se marchita. Querido amigo, querida amiga, pon tu mira en la belleza del corazón, la cual la Palabra afirma que es de grande estima delante de Dios.[61] La belleza que la mujer de Potifar vio en José no era la misma belleza que Dios vio en él.

En nuestra historia, José, que era guapetón, no encontró en su belleza una ventaja, sino un campo de batalla. La mujer de Potifar lo acechaba, y José se resistía. Se trata de una mujer insistente y caprichosa, acostumbrada a tener lo que se le antoja. José se encuentra en una situación de completa indefensión. No hablamos de una mujer cualquiera, ¡es su dueña! Tiene una autoridad total sobre él. El futuro de José, su vida misma, está en sus manos. José es solo un esclavo a merced de sus órdenes, y sin embargo José se resiste y la rechaza. La mujer de Potifar le agarra de un brazo, y José se libra de ella. Entra en su habitación, y él sale hacia el comedor. Le roza la espalda, y él sale hacia la cocina. Ella lo acecha, y él huye constantemente. Así lo dice el texto, lo acosaba «cada día».[62] ¡José huyó de la tentación! José fue muy consciente de su fragilidad y de lo peligroso que es el pecado. Sabía que su propia carne lo podía engañar, y ante una amenaza tan grande prefirió huir. Huir no es siempre de miedosos. Si huyes delante de un conejo eres un cobarde, pero si huyes delante de un león eres sabio. Aquel que comprende que el pecado y la tentación no son algo pequeño e indefenso, sino algo temible, huirá y pondrá límites en su vida. No juegues con la tentación como Sansón jugó con Dalila, no sea que aquellas cuerdas fáciles de romper sin darte cuenta se conviertan en pesadas cadenas. Es mejor huir como hizo José. Job era también un hombre justo, y sin embargo dice «hice pacto con mis ojos; ¿Cómo, pues, había yo de mirar a una virgen?».[63]

Así como la mujer de Potifar perseguía a José cada día, así te acecha a ti la tentación también. Solo el Señor conoce tus luchas y cómo tú las vives. Esa botella de vino, ese sentimiento de vanagloria, esa página de internet, esa vecina de mirada frívola, ese pensamiento de desprecio. Unos luchamos con la lujuria, otros con la codicia, otros con el orgullo. La mujer de Potifar te acecha a todas horas, pero puedes hacer lo mismo que José. ¡Dile que no! ¡Huye! Escapa; aunque por el camino pierdas la túnica. Es mejor perder la túnica que el buen testimonio. Aunque tengas que renunciar a muchas cosas valiosas. Deja esos amigos, esos lugares, esas costumbres. Si sabes que te vas a encontrar en un lugar con la mujer de Potifar, ¡no vayas! No te excuses diciendo *No le puedo decir que no.* No te excuses diciendo *No hay salida. Solo puedo rendirme.* El Señor le dio fuerzas y gracia a José, y el Señor te dará fuerzas y gracia a también a ti. Recuerda que sea cual sea la prueba que enfrentes nuestro Dios nos dará juntamente con la tentación la salida para que podamos soportar, porque su gracia es mayor que nuestras flaquezas.[64]

La historia se repite. En el jardín del Edén, Dios le dijo a Adán que podía comer del fruto de todos los árboles excepto uno, el árbol del bien y del mal. Todo estaba en manos de Adán. Era mayordomo absoluto de todas las cosas de Dios. Solo una cosa le estaba prohibida. Ahora José tiene también en sus manos todo lo que es de Potifar, excepto su mujer. «He aquí que mi señor no se preocupa conmigo de lo que hay en casa, y ha puesto en mi mano todo lo que tiene. No hay otro mayor que yo en esta casa, y ninguna cosa me ha reservado sino a ti…».[65] ¡Pero lo más fascinante de este pasaje es lo que José le dice —y lo que no le dice— a la mujer de Potifar en ese momento! No le dice *Oh, ¿cómo podría ofender así a mi amo Potifar? Él ha puesto todo en mis manos. Ha confiado en mí. Estaría traicionando su amistad, y no hay valor más grande en esta vida que el de la amistad.* Tampoco le dice *Oh, ¿cómo podría ofender así a mi padre Jacob? ¿Y si él se enterara? Sabes, vengo de una familia conservadora. ¿Qué pensaría mi padre de mí? ¿Cómo podría darle ese disgusto? ¿Cómo voy a traicionar así mi tradición familiar y la educación que mis padres me han dado?* Tampoco ofrece razones físicas diciendo *Oh, ¿no ves el riesgo que eso supone? ¿Podría contraer una enfermedad venérea? ¿Con cuántos hombres has estado antes? Y, además, podrías quedar embarazada. Son demasiados riesgos, y yo soy un hombre prudente…*

La ética de José es otra. Es una ética teocéntrica. José no responde nada de lo anterior, sino que responde: «Cómo pues, haría yo este grande mal, y pecaría contra Dios?».[66] José no vivía para agradar a Potifar. No vivía para agradar a su padre Jacob. José tampoco vivía para agradarse a sí mismo. ¿Acaso José no podría haber encontrado muchas excusas humanas para caer en los brazos de esa mujer? Un hombre joven, extranjero, solo, privado del afecto de su padre, perdió a su madre siendo joven, maltratado por sus hermanos, podría ver en la mujer de Potifar la respuesta al cariño que le había sido robado. Pero a pesar de todo lo que le rodea, José vive *Coram Deo*, bajo la mirada de Dios. Todo lo que hace o deja de hacer, es para Dios. ¿No habrías de vivir así tú también? Oh, si hubiésemos escuchado esta respuesta de los labios de Eva cuando la serpiente la tentaba con el fruto prohibido. *¿Comer de esa fruta? El Señor ha puesto en nuestras manos todas las cosas, excepto este árbol. ¿Cómo, pues, haría yo este grande mal y pecaría contra Dios?* Qué hermoso hubiera sido ver a Eva salir corriendo de allí buscando la presencia del Creador. Esta es la respuesta que debiéramos pronunciar cada vez que somos tentados: «¿Cómo, pues, haría yo este grande mal, y pecaría contra Dios?».

José sirvió a un amo exigente, y le sirvió tan perfectamente que Potifar estuvo siempre complacido. De la misma manera Cristo obedeció a la ley de Dios y lo hizo tan perfectamente que el Padre estuvo perfectamente complacido. ¿Quién podría complacer a un Dios que es tres veces santo? ¿Quién podría haber vivido una vida siempre obediente en obras, pensamientos y deseos? ¡Solo Cristo Jesús! La perfección de José sirviendo a Potifar es para nosotros un preludio de la perfección de Cristo sirviendo la ley de Dios. ¿Acaso no fue esa la misión de Cristo? Nuestro Señor vino para vivir como un siervo fiel. Al igual que José, Jesús dejó la casa del Padre para tomar forma de siervo, y en Su perfecto servicio fue manifiesta Su justicia.[67]

José crecía en estatura, crecía en inteligencia, y crecía en favor ante Dios y ante Potifar. Del mismo modo «Jesús crecía en sabiduría y en estatura, y en gracia para con Dios y los hombres».[68] José sirvió en la casa de Potifar, y no procuró huir de él sino obedecerle en todo, así como Jesús de Nazaret vivió bajo la mirada del Padre sirviéndole perfectamente porque no vino a abrogar la ley sino a cumplirla.[69] José en nada defraudó a su amo, sino que la mujer de Potifar le acusó injustamente de un delito que no había cometido. Así mismo, Cristo en nada defraudó la ley de Dios, sino que fue acusado por testigos falsos de un delito que no había cometido. Solo refiriéndose a Jesús, Dios el

Padre anunció desde los cielos al ver Su obediencia perfecta: «Tú eres mi Hijo amado; en ti tengo complacencia».[70] ¿Y tú y yo ahora vamos a buscar complacencia en otras cosas? Esta es en realidad la medicina a todas las tentaciones y deseos que puedan llegar a tu vida. Busca sentirte plenamente complacido en aquello que más complace a Dios mismo: Jesucristo.

Pero en este pasaje no solo vemos la obediencia de José como anticipo de la obediencia de Cristo. Esa fidelidad también fue puesta a prueba mediante la tentación. Así como José fue tentado en la casa de Potifar, Cristo empezó Su ministerio siendo tentado en el desierto. Nuestra verdadera lealtad no se ve tan claramente en tiempos de bonanza como en tiempos de tempestad. Cuando llegan las pruebas a nuestra vida es cuando se manifiesta lo que encerramos dentro. El corazón es como una esponja. No sabes qué contiene hasta que lo presionas. José mostró fidelidad a Dios en medio de la tentación, y Cristo fue también tentado hasta tres veces por el diablo. Jesús fue tentado con mayor furia que José. Con mayor fuerza que Adán. Cristo no fue tentado en un paraíso, sino en un desierto. Cristo no fue tentado rodeado de alimentos, sino habiendo ayunado por cuarenta días. Cristo en medio de Su gran necesidad respondió declarando la voluntad del Padre: «No solo de pan vivirá el hombre, sino de toda palabra que sale de la boca de Dios».[71] José, por su fidelidad a Dios, fue despojado de su túnica, acusado injustamente, y encarcelado entre criminales. Cristo, por su fidelidad al Padre, fue despojado de su túnica, acusado injustamente y crucificado entre criminales.

José podría haber sido condenado a muerte en ese mismo instante, pero Potifar decide enviarle a prisión. Aunque era de esperar verle colgando en una horca, Dios preserva su vida una vez más. José estará un tiempo fuera de nuestra vista, oculto a la mirada de la gente, pero los ojos del Señor seguirán puestos sobre él. ¿Pero acaso no es injusto que José vaya a la cárcel? Cuando la mujer de Potifar miente a su esposo, con las ropas de José junto a ella, leemos que se encendió el furor de Potifar.[72] ¿Sobre quién va a caer ahora la ira del amo? ¿No sería justo castigar a la esposa infiel, y dejar libre al siervo fiel? Pero la ira de Potifar cae sobre el inocente que es llevado a prisión y no abre su boca para defenderse.

Todo este tiempo José no estará en una cárcel cualquiera, sino en una prisión predilecta, «donde estaban los presos del rey».[73] Aunque José era un esclavo, aún en su humilde condición, permanece preso en la prisión de palacio, donde seguramente Potifar tenía una autoridad directa. En esa prisión *para la clase alta*, José se encontrará con el copero y el panadero de Faraón, y de ahí el vínculo con los servidores del rey que más tarde le llevará a la presencia del soberano de Egipto. En el siguiente capítulo también se nos detalla que desde la liberación del copero José pasó dos años más en prisión.[74] No sabemos exactamente cuánto tiempo llevaba ya José encarcelado cuando el copero fue liberado, pero sí sabemos que en total José estuvo en la cárcel del rey más de dos años y menos de tres. Podríamos decir entonces, a la manera de los hebreos, que desde que fue metido en prisión José salió «al tercer año».

¿Podemos ver en todos estos detalles un reflejo de nuestro Señor Jesucristo? Así como José salió de su prisión al tercer año, el Señor Jesús salió del sepulcro al tercer día. Después de vivir una vida perfecta, después de vencer la tentación, después de ser acusado y condenado sin razón, Cristo estuvo en un sepulcro hasta que el Soberano del cielo dio la orden de ser llevado a su presencia para gobernar a Su mano derecha. La vida y obra del Señor nos muestran el camino de la obediencia para agradar al Padre y vencer las tentaciones. Pero además Cristo se hizo siervo para morir en una cruz y al tercer día salir del sepulcro y vencer a la muerte. Cristo no solo es un ejemplo, sino el autor y consumador de nuestra fe. Nuestro libertador, que siendo humillado hasta lo más vil fue exaltado hasta lo sumo. Nuestro Salvador, acusado injustamente, fue también encerrado en una prisión digna de reyes. Con los ricos fue en su sepultura, pero la muerte no le pudo retener.[75] Así como José salió de prisión para estar a la diestra de Faraón, Jesucristo salió del sepulcro para ascender a la diestra del Padre y traernos salvación. ¿Salvación? ¿Pero acaso no debería Dios castigarnos por nuestros pecados? Todos nosotros nos descarriamos, fuimos rebeldes hacia nuestro Creador, fuimos desleales a nuestro Señor. Nosotros, la esposa de Cristo, podemos contemplar con asombro que a pesar de nuestras muchas infidelidades nuestro castigo cae sobre Aquel cuyas ropas sostenemos, y cómo Él recibe sobre su persona la vergüenza y el castigo que nosotros merecemos. Para Él, el desprecio y la prisión, para nosotros, la honra y la mansión. Recuerda que, a pesar de tus muchas traiciones a un Señor tan bueno, su gracia es mayor.

La gracia de Dios en tu vida

1. ¿Por qué podemos decir que José es un ejemplo de excelencia y ética en el trabajo? ¿Cómo servía José a su amo Potifar?
2. ¿Qué te dice el ejemplo de José a ti, con respecto a tus ocupaciones? ¿Qué debes cambiar en la forma en que sirves a tus superiores?
3. En este episodio de su vida, José se encuentra con una lucha muy particular que también ha de vencer, ¿cómo la describirías?
4. ¿Qué contraste vemos entre el capítulo 38 y el 39 de Génesis? ¿Entre Judá y José?
5. ¿Por qué somos tentados según Santiago 1:12-15?
6. ¿Qué le dijo José a la mujer de Potifar?
7. ¿Por qué huyó José de la presencia de la mujer de Potifar? ¿Podría haber reaccionado de otra manera?
8. ¿De qué manera debieras tú responder a las tentaciones que estés afrontando? Lee los siguientes pasajes y explica cómo se aplican a tus luchas presentes:
   a. *Filipenses 4:6*
   b. *Mateo 5:29,30*
   c. *1 Corintios 6:18*
   d. *Santiago 4:7*
   e. *1 Corintios 10:13*
   f. *1 Pedro 4:12-14*
   g. *Romanos 8:28*

8. Describe con tus propias palabras de qué manera se asemejan José y Cristo en estos aspectos de su vida:

   a. *Hecho siervo*

   b. *Obediente a su amo*

   c. *Resistiendo la tentación*

   d. *Acusado falsamente*

   e. *Encarcelado en la prisión del rey*

   f. *Liberado al tercer año*

7. Aun estando en prisión, José siguió mostrando la misma actitud excelente que tuvo en casa de Potifar. ¿Qué nos enseña su ejemplo? ¿Cómo hemos de obrar aun cuando empeoran nuestras circunstancias?

8. Potifar estaba satisfecho con José. Dios el Padre estaba satisfecho con Jesucristo. ¿En qué encuentras tu satisfacción? ¿Te satisface eso más que Cristo?

5

DOS SUEÑOS EN LA CÁRCEL
Génesis 40

Hasta ahora hemos acompañado a José durante unos diez años. Hemos estado con él en Canaán apacentando las ovejas, y en sus sueños proféticos. Sufrimos con él los celos de sus hermanos, cuando le echaron en la cisterna, le quitaron su túnica de colores, y la mancharon de sangre. Escuchamos cómo sus hermanos tramaban su muerte, y escuchamos sus lamentos desde el pozo oscuro. Contemplamos cómo le vendían a unos madianitas, y le vimos sirviendo fielmente a Potifar en Egipto.[76] Sentimos su angustia cuando la mujer de su amo le acosaba constantemente, y sentimos su tristeza cuando fue echado en prisión injustamente. En Génesis 40, José está ahora en el punto más bajo de su historia. Es sorprendente ver cómo han cambiado las cosas en estos años. Cuántas veces José se ha visto denigrado y desprovisto de su túnica para ser humillado. En casa de su padre tenía una túnica de príncipe, pero sus hermanos la arrancaron de sobre sus hombros. En casa de Potifar tenía una túnica de siervo, pero la mujer de Potifar se la arrebató con sus manos. Ahora José es un preso que espera su sentencia. Ahora es siervo de los siervos. José sirve cada día a aquellos que antes servían en la mesa de Faraón. «Mas Jehová estaba con José». Así empieza y acaba el capítulo 39.[77] Como un gran paréntesis que nos muestra cómo Dios hizo prosperar a José mientras estuvo en casa de Potifar. Del mismo modo Dios continúa ahora junto a José en prisión, y en poco tiempo se gana el favor de todos los que ven su buen testimonio.[78]

Mientras José estaba en la cárcel llegaron dos delincuentes de clase alta. Dos personajes muy especiales. El jefe de los coperos y el jefe de los panaderos. Ambos ostentaban cargos oficiales de gran responsabilidad. Eran ministros de Faraón que mientras estuvieron en palacio tuvieron a sus órdenes a muchos siervos y recibieron mucho honor. El copero no se ocupaba tan solo de traerle una copa de vino al Faraón, sino de supervisar los viñedos del país, de cuidar la calidad de los vinos, y de administrar las bodegas. Así mismo, el panadero tenía un cargo oficial. Supervisaba las cosechas de trigo, el estado de los graneros, la elaboración del pan y la pastelería fina servida ante Faraón. El copero y el panadero eran administradores del soberano de Egipto. Pero ambos delinquieron. No se nos dice cómo; pero sí sabemos que decepcionaron grandemente a su señor y en consecuencia fueron echados en la misma prisión en que Potifar había echado a José. Los tres se encontraban ahora en la misma condición, pero la gran diferencia entre ellos era que el copero y el panadero eran culpables de un delito, mientras que José era del todo inocente.

Una mañana José entra en la prisión y ve a estos dos hombres especialmente tristes. Ambos, el panadero y el copero habían tenido un sueño esa misma noche. Un sueño milagroso que los inquietaba profundamente. Aquella mañana no se despertaron sonrientes. *¡Mira qué sueño más bonito he tenido! ¿Te lo explico?* No. Había sido un sueño inquietante, misterioso, y no sabían lo que quería decir. Estaban turbados y abatidos. Al verlos así, José se preocupó sinceramente y les dijo: «¿No son de Jehová las interpretaciones? Contádmelo ahora».[79] La actitud de José es simplemente admirable. José está en la peor de las situaciones, no sabe qué va a ser de él. Cualquier otra persona estaría amargada en su prisión, tramando su venganza como el Conde de Montecristo. Pero José retiene su confianza en Dios aún en el momento más desesperanzador de su historia. Aún en la prisión José habló de su Dios y ayudó a su prójimo. ¿Y tú? ¿Hablas de tu Dios solo en los buenos momentos, o también en los días malos? Nos gozamos en pregonar las bondades del Señor en días de gozo como una boda, en Navidad, en un bautismo, en días de fiesta y alegría en los que hay abundancia y felicidad. ¿Pero reconoces también la mano del Señor en los momentos difíciles? Habla también de tu Dios en los días más nublados; en la casa funeraria mientras velas a un familiar, en la oficina de desempleo, en el hospital donde tu hijo está ingresado. Tu Dios también es tu Dios en los malos momentos. Aún en valle de sombra de muerte Él está contigo. Recuerda que José habló de su Dios en la cárcel.

El primero en explicar su sueño es el copero.

«Yo soñaba que veía una vid delante de mí, y en la vid tres sarmientos; y ella como que brotaba, y arrojaba su flor, a madurar sus racimos de uvas. Y que la copa de Faraón estaba en mi mano, y tomaba yo las uvas y las exprimía en la copa de Faraón, y daba yo la copa en mano de Faraón».[80]

José interpretó su sueño, explicando que los tres sarmientos representan tres días. Al cabo de tres días Faraón restituirá al copero en su puesto y volverá a servirle como antes. José, al ver que el copero sería liberado y volverá a servir a Faraón como antes, le ruega que se acuerde de él y que hable de él a Faraón, porque fue secuestrado de la tierra de los hebreos y ahora está en prisión injustamente. Viendo con certeza que el copero saldrá de la cárcel en tres días, José le ruega «Acuérdate, pues, de mí».[81]

¿Pero por qué le pidió José ayuda al copero? ¿Acaso no confía en el poder del Señor? ¿No podía Dios sacarle de la cárcel enviando un ángel, como hizo con Pedro, haciendo que sus cadenas se soltaran y las puertas se abrieran milagrosamente?[82] ¿No podía Dios enviar un terremoto, como hizo con Pablo y Silas, abriendo la cárcel y pegándole un susto de muerte al carcelero?[83] ¿No confía José que Dios puede sacarle de la cárcel? ¿Está José tan abatido que ya ha perdido su fe en Dios y por eso le pide ayuda al copero? ¿Ha olvidado José que *El Shaddai* es el Todopoderoso? No. No lo ha olvidado. Al contrario. José cree que Dios es el Todopoderoso, y precisamente por eso le pide ayuda al copero. Si Dios puede enviar un ángel, y Dios puede provocar un terremoto, ¿cómo no va a usar Dios a un simple copero para sus propósitos? A veces podemos estar esperando que Dios responda a nuestras oraciones de formas tan apoteósicas que no vemos cómo Dios nos responde usando medios ordinarios. A Jesús le sirvieron ángeles, pero a Elías le sirvieron cuervos.[84] ¿Y tú? ¿Estás esperando que Dios intervenga en tu vida de forma milagrosa? ¿Que envíe un ángel o un terremoto? Quizá Dios ha puesto a tu lado a un copero, un simple copero, y por eso no ves la intervención divina. Dios es como un gran jugador de ajedrez. Su partida es perfecta. Va a vencer. Pero para sus propósitos puede usar un caballo o una torre, lo mismo que un simple peón. No olvides que a lo largo de la historia Dios ha usado hombres y mujeres, que ha enviado a un gran pez y a un pequeño gusano, que ha hablado por la boca de reyes y también usando a una mula. José pide ayuda al copero, porque José sabe que en su providencia y majestad Dios usa muchas veces medios muy humanos para llevar a cabo sus planes celestiales.

El panadero, viendo que José ha interpretado el sueño del copero para bien, decide explicarle también el suyo. Claro. A todo el mundo le gusta escuchar buenas noticias; escuchar que te va a ir bien, que vas a ser muy feliz. Lleno de optimismo el panadero habla.

«Viendo el jefe de los panaderos que había interpretado para bien, dijo a José: También yo soñé que veía tres canastillos blancos sobre mi cabeza. En el canastillo más alto había de toda clase de manjares de pastelería para Faraón; y las aves las comían del canastillo de sobre mi cabeza».[85]

El panadero esperaba que José interpretara su sueño de la misma manera que hizo con el copero. Quizá también nosotros, si leyéramos esta historia por primera vez, pensaríamos igual. Recordemos que los sueños en esta historia vienen siempre de dos en dos. Repitiendo la misma verdad dos veces, a la forma hebrea para resaltar que se trata de algo muy cierto. «De verdad, de verdad os digo…» decía muchas veces el Señor Jesús. Cuando José tuvo dos sueños en casa de su padre Jacob, el de las gavillas y el del sol y la luna, los dos sueños significaban lo mismo. Faraón también tendrá dos sueños que le inquietarán, el de las vacas flacas y el de las espigas menudas, y los dos sueños significaban lo mismo. Ahora el copero y el panadero tienen cada uno un sueño, y es de esperar que ambos sueños signifiquen lo mismo. Y podemos decir que hasta cierto punto así es. Los dos sueños dicen que los dos van a salir de prisión. Los dos sueños dicen que saldrán dentro de tres días. Los dos sueños dicen que los dos se presentarán ante Faraón. Los dos sueños dicen que los dos verán cómo Faraón «levanta su cabeza». Es curioso ver como en el original hebreo se usa el mismo verbo para los dos, *nasá*.[86] Faraón *levantará* la cabeza del copero para restituirlo en su puesto, pero *levantará* la cabeza del panadero en la horca. ¡Los dos experimentarán lo mismo hasta que lleguen a la presencia de Faraón! Pero hay una inquietante diferencia entre los dos sueños. En el sueño del copero es Faraón quien bebe de la copa; mientras que en el sueño del panadero son los pájaros los que comen los pasteles. Uno servirá a Faraón en el banquete de su cumpleaños y otro será ahorcado en la calle mientras los pájaros comen su carne.

José es un verdadero profeta de Dios que igual anuncia las buenas como las malas noticias. El falso profeta siempre da buenas noticias porque es lo que la gente quiere oír. Si alguna vez por curiosidad has leído un horóscopo de esos que salen en los periódicos, sabrás que nunca dice cosas malas. Todo son mentiras bonitas que inflan tu «autoestima». Lo mismo hacen los que echan las cartas y los adivinos. ¡Tienen sus bocas llenas de mentiras bonitas que a la gente le gusta escuchar! Tristemente sucede igual con tantos falsos predicadores que esconden la verdad para engañar a los incautos. Cuidado con los falsos profetas y maestros que solo dicen lo que a la gente le gusta oír, y no anuncian «todo el consejo de Dios».[87] Hay sermones tan falsos que parecen haberse escrito usando los mensajes de esas galletitas chinas de la fortuna. Querido amigo, huye de los falsos maestros y busca aquellos que como José dicen la verdad. José era un verdadero profeta de Dios. No le ocultó la verdad al panadero por muy dolorosa que pudiera ser.

«Entonces respondió José, y dijo: Ésta es su interpretación: Los tres canastillos tres días son. Al cabo de tres días quitará (*levantará*) Faraón tu cabeza de sobre ti, y te hará colgar en la horca, y las aves comerán tu carne de sobre ti».[88]

Los dos sueños se cumplieron tal como José predijo. La cabeza del copero y la cabeza del panadero fueron *levantadas*. El jefe de los coperos fue restaurado al servicio de Faraón, y el jefe de los panaderos fue colgado en la horca. Pero el jefe de los coperos no se acordó de José, tal como él le había pedido. Estaba demasiado contento con su nueva vida y tenía mucho trabajo para ponerse al día en sus responsabilidades. ¿Qué pensaría José en esa situación? Quizá el copero se despidió de él cuando salió de prisión. *Amigo, te debo un favor. Nos veremos muy pronto, te prometo que le hablaré de ti a Faraón*. Pero José aún tuvo que pasar dos años más en prisión, y en esos meses debió de crecer aún más su paciencia y su confianza en Dios.

¿Cuántas promesas has recibido tú de otras personas? ¿Cuánta gente te ha decepcionado a lo largo del camino de la vida? Como el copero, muchos están llenos de buenas intenciones, pero son olvidadizos. Lanzan grandes promesas, pero después no vuelves a saber de ellas. El olvido del copero debió de ser una frustración más en la vida de José. ¿Qué permitió que José no se hundiera en la más profunda depresión al ver la maldad y el egoísmo de este mundo? José se mantuvo en pie porque su confianza estaba puesta en la providencia del Señor. José vivía *Coram Deo*, como el varón descrito por el profeta Jeremías, cuya mirada está puesta en Dios y sobrelleva las adversidades dando fruto.

«Bendito el varón que confía en Jehová, y cuya confianza es Jehová. Porque será como el árbol plantado junto a las aguas, que junto a la corriente echará sus raíces, y no verá cuando viene el calor, sino que su hoja estará verde; y en el año de sequía no se fatigará, ni dejará de dar fruto».[89]

¡Mira a Cristo tú también! Tal vez te sientas como José, en un pozo profundo. Tal vez te sientas preso de las injusticias que has vivido en tu vida. En este mundo caído, sufrimos desengaños y mentiras, pero no puedes dejar que tu corazón se llene de amargura, de ira, de rencor, de tristeza. José sufrió muchas más injusticias y desprecios de los que tú y yo podamos llegar a sufrir, pero José puso sus ojos y su esperanza en Dios. Deja de mirar a los hombres. ¡Mira a Cristo! Solo a Cristo. Como José en la prisión. Recuerda que «los que esperan a Jehová tendrán nuevas fuerzas; levantarán alas como las águilas; correrán, y no se cansarán; caminarán, y no se fatigarán».[90] Mira a Cristo y deja que su consuelo calme los temores de tu alma y su consejo sane tus heridas con su gracia.

¿Puedes ver a Cristo en esta historia? Te invito a que te maravilles al ver el evangelio en la vida de José. Como José, Jesús también fue el Justo que estuvo entre dos malhechores en el Gólgota. El Señor Jesús fue condenado sin un juicio previo y tratado como un delincuente. Aquellos dos ladrones habían sido condenados por sus delitos, pero Jesús era inocente. Por los Evangelios sabemos que uno de ellos dijo: «Nosotros, a la verdad, justamente padecemos, porque recibimos lo que merecieron nuestros hechos; mas éste ningún mal hizo».[91] Jesús, al igual que José, es el justo que hace separación entre todos los hombres. El copero y el panadero esperaban su destino final. Los dos tuvieron un sueño y José les anunció su futuro. Uno de ellos iba a morir colgado en una horca y el otro iba a asistir al banquete del gran rey. Del mismo modo el Señor Jesús es el Justo que en la cruz del Calvario separaba a la humanidad en dos. Unos a su izquierda dicen «Si tú eres el Cristo, sálvate a ti mismo y a nosotros»,[92] mientras que otros a su derecha exclamamos «Acuérdate de mí cuando vengas en tu reino»,[93] y a estos el Señor nos promete el paraíso.[94]

Como el panadero y el copero, tú y yo estamos también en esta vida esperando nuestro destino final. Este episodio de la vida de José nos habla del juicio que se acerca para cada uno de nosotros. Estos dos hombres iban a presentarse ante Faraón para escuchar cada uno su sentencia, y tú y yo también vemos cómo se acerca ese día en el que nos habremos de presentar delante del Trono de Dios para escuchar su veredicto. José dijo al copero y al panadero: «De aquí a tres días…». Y Jesús te dice a ti que «dentro de tres días» tú también estarás en el Juicio Final. ¡Tres días que representan la resurrección! Todos vamos a ser levantados de entre los muertos. Todos vamos a salir de la prisión de la tumba. Todos vamos a comparecer ante el Tribunal de Dios. Todos cumpliremos con esos tres días, pero no será igual el destino de todos. ¿Cuál de los dos malhechores eres tú? No se trata de lo bueno o malo que hayas sido. Los dos crucificados eran culpables. ¿Eres el copero o el panadero? Los dos fueron acusados, pero tuvieron diferentes destinos. ¿Cuál es tu destino eterno? Algunas personas viven su vida como el panadero, con tres cestos de pasteles sobre la cabeza. Piensan que la vida es dulce, que hay que disfrutarla, que es jugosa como la fruta del Edén. Pero no se dan cuenta de que los cuervos se posan sobre su cabeza para comerse los manjares. Satanás y sus diablos son esos cuervos. Los mismos que se llevaron la semilla que cayó en el camino ahora vienen para llevarse la vida de los que no han creído. Sin embargo, la vida de otros es como la del copero. También es culpable de sus ofensas al rey, pero exprime la uva para llenar la copa y ponerla en su mano.

La cabeza del copero y la cabeza del panadero fueron *levantadas*. Pero Jesús el Cristo es el que en verdad fue levantado, *nasá*. Levantado como el panadero que fue condenado. Cristo fue levantado, porque «como Moisés levantó la serpiente en el desierto, así es necesario que el Hijo del Hombre sea levantado, para que todo aquel que en él cree, no se pierda, mas tenga vida eterna».[95] Jesucristo fue levantado en la cruz para ser visto por todos los hombres y mover nuestros corazones a la fe. Jesús pagó en tu lugar. Sin duda, Su gracia es mayor que tus culpas. Él llevó un castigo que no le pertenecía. Pero Jesús también fue *levantado* como el copero. Fue levantado de entre los muertos y llevado de nuevo a la presencia del Padre. Fue levantado hasta los cielos. Fue levantado porque «Dios también le exaltó hasta lo sumo, y le dio un nombre que es sobre todo nombre, para que en el nombre de Jesús se doble toda rodilla de los que están en los cielos, y en la tierra, y debajo de la tierra».[96]

Ahora eres tú quien tiene tres días. La resurrección se acerca. Muy pronto saldrás del sepulcro, y así como sucedió con el panadero y el copero estarás en la presencia del gran Rey. Viendo que el copero saldría con el favor de Faraón, José le dijo «acuérdate de mí», pero el copero no se acordó de José. De igual manera un malhechor colgado junto a Jesús miró al Mesías con fe y le dijo «acuérdate de mí», y el Salvador se acordó de él. Mira a la cruz de Cristo con fe y dile «acuérdate de mí cuando vengas en tu reino». Cristo salió al tercer día del sepulcro y ahora está a la diestra del Padre. Él sí se acuerda de aquellos que invocan Su nombre, y vendrá pronto a buscarnos para que estemos donde Él está. Mientras esperamos que venga por nosotros, es el Señor Jesús el que nos dice «acordaos de mí», y sabiendo cuán olvidadizos somos nos deja un testigo del cumplimiento de sus promesas, un hermoso recuerdo de Su entrega, un símbolo de Su muerte y resurrección: un pan y una copa.

La gracia de Dios en tu vida

1. Explica el sueño del copero y qué significa. Haz lo mismo con el sueño del panadero.

2. ¿Por qué José pidió ayuda al copero? ¿Estaba mostrando desconfianza en Dios?

3. A veces podemos estar esperando que Dios responda a nuestras oraciones de formas sorprendentes, y lo hace de formas muy cotidianas. ¿Puedes poner un ejemplo de tu propia vida?

4. Lee la historia de Naamán el Sirio en 2 Reyes 5:1-14. ¿Qué esperaba que el profeta hiciera, y qué es lo que le ordenó Eliseo?

5. El copero salió de la prisión, y no se acordó de José. ¿Cómo reaccionó José? ¿Te has sentido olvidado o traicionado alguna vez? ¿Por quién? ¿Cómo respondiste?

6. Lee Salmos 27:10. ¿Qué nos promete el Señor en ese pasaje? ¿Cómo hemos de vivir la vida a la luz de esa promesa?

7. Lee Jeremías 17:5-8. ¿Cómo describe al hombre que pone su confianza en el hombre? ¿Cómo describe al hombre que pone su confianza en Dios? ¿Cuál de los dos es José? ¿Cuál de los dos es Jesús? ¿Cuál de los dos eres tú?

8. Explica de qué maneras se asemeja la vida de José a la pasión del Señor Jesús:

a. *Acusado injustamente*
b. *Entre dos malhechores*
c. *Al tercer día*
d. *Fue levantado*
e. *Pan y vino*
f. *Acuérdate de mí*

6

SIETE VACAS FLACAS

Génesis 41:1-38

Siempre que hay elecciones en un país los candidatos aprovechan la oportunidad para hacer promesas sobre el futuro. Escuchamos una y otra vez palabras como estas: «Con nosotros saldremos de la crisis», «Crearemos empleo», «Por un país mejor», y un largo etcétera. Ante las dificultades todos los políticos prometen lo mismo: que a pesar de tener frente a nosotros siete vacas muy flacas y feas, ellos saben cómo alimentarlas y engordarlas hasta convertirlas en siete vacas gordas y hermosas. Pero normalmente lo que pasa es todo lo contrario, que en los días de abundancia los gobernantes se enriquecen en lugar de preparar a la nación para los días difíciles. Qué diferente sería si un presidente dijera: *Ciudadanos, estamos en medio de una grave crisis. Pero no se preocupen. Durante los siete años de mayor abundancia ahorramos dinero en un banco suizo, todo el superávit del producto interno bruto, del comercio internacional, y de los dividendos del turismo. Tenemos tantas reservas que, durante los próximos siete años de escasez, habrá suficiente para seguir pagando las*

*pensiones, los sueldos de los profesores y los médicos, y además tendremos
ayudas especiales para cada familia según su necesidad.* ¡Si pasara algo
así sería sin duda algo sobrenatural! ¡Un milagro! Nadie puede tener
tal previsión, a no ser que Dios, el único que conoce el futuro, se
lo haya revelado. Eso es exactamente lo que sucedió en Egipto. José
fue un gobernador milagroso a través del cual Dios salvó la vida de
toda una nación.

Dos años después de que el copero túviera su sueño y saliera de la
cárcel, ahora es el Faraón quien tiene un sueño. En su sueño aparecen
siete vacas muy hermosas y gordas, que pacen en el prado. Estas vacas
representan el colmo de la abundancia, porque además subían del
río. El Nilo era para los egipcios sinónimo de riqueza y bienestar. A
sus orillas crecían los cultivos, y las crecidas del río producían varias
cosechas al año. Las orillas del Nilo eran el granero del reino, y esta es
la razón por la cual los grandes imperios de antaño mostraron siempre un gran interés por conquistar Egipto, para así poder llenar sus
despensas. La vaca era además una de las representaciones de la diosa
Isis, diosa de la fertilidad y la agricultura. Hasta este punto el sueño
expresa abundancia y riqueza. Pero la parte inquietante del sueño
es que, detrás de esas siete vacas hermosas, otras siete vacas flacas y
feísimas también suben del río. Estas se detienen junto a las vacas
gordas, y tienen tanta hambre que las devoran.[97] ¡Faraón se despertó
muy turbado después de este sueño! Siete vacas que devoran a otras
siete, como si se tratara de siete leones hambrientos. Faraón logró
dormirse de nuevo, y mientras dormía tuvo otro sueño similar. En
esta ocasión siete espigas hermosas crecían en una misma caña, y a
su lado siete espigas marchitas y secas por el viento solano. Así como
sucedió con el sueño anterior, las siete espigas feas acaban devorando
a las hermosas. Faraón se despertó inquieto, «y he aquí que era un

sueño». ¡Le había parecido tan real! Aunque solo se trataba de un sueño, Faraón está intranquilo y decide consultar con sus magos y sabios, pero ninguno de ellos fue de ayuda.[98]

En toda esta experiencia de Faraón, podemos encontrar lecciones muy importantes para nosotros sobre la fe y la vida. En primer lugar, aprendemos que *Dios habla también a los incrédulos*. Faraón no conocía a Yahveh, el Dios de José. Sin embargo, Dios habla a Faraón a través de estos dos sueños. Recordemos que en este tiempo aún no tenían las Escrituras. Ni tan solo se había escrito el Génesis. Dios hablaba usando medios extraordinarios como las visiones o los sueños para dar a conocer Su voluntad. En nuestros días, tenemos ya las Escrituras completas, de Génesis a Apocalipsis, y en ellas Dios nos comunica Su voluntad de forma diáfana, para que podamos leerla tanto creyentes como incrédulos. Pero algo que no podemos obviar en este punto es que Dios se comunicó con Faraón, pero Faraón no pudo entender lo que Dios le decía. José interpretó los sueños. Del mismo modo hoy, el incrédulo puede leer la Palabra de Dios, pero no la entiende por sí mismo, porque se ha de discernir espiritualmente.[99] Los cristianos, así como José, abrimos la Palabra para que los que no entienden, puedan entender, y los que no creen, puedan creer.

En segundo lugar, aprendemos que *Dios tiene misericordia de los incrédulos*. Dios podría haber dejado a Egipto a su suerte. ¿Por qué se tomó Dios la molestia de explicarle a Faraón lo que iba a hacer? En primer lugar, porque Su bondad es inmensa. Nuestro Padre celestial es bueno y hace llover sobre justos e injustos.[100] Si miramos a nuestro alrededor, nos daremos cuenta de que Dios es bondadoso hacia todos aquellos que no lo merecen. Todo es un don de Dios. La salud, el trabajo, la familia son un anuncio constante de Su bondad. Pero, además, Dios hace bien a todo Egipto porque de este modo bendice y protege a Israel. No podemos olvidar que durante

los siete años de escasez la hambruna también llegó a Canaán, y
los hermanos de José fueron a Egipto en busca de alimento. Dios
bendijo a Egipto, pero en la bendición de Egipto, Dios estaba preparando un refugio para Su pueblo escogido. Qué modelo de lo que
vivimos también nosotros. No somos de este mundo, pero estamos
en este mundo, y cuando Dios es bueno con nuestra nación y la
bendice con prosperidad, ciencia, música, orden, paz, es para ben-
decirnos a nosotros en primer lugar. Cuando el pueblo de Dios iba
a ser deportado a Babilonia, el Señor les dijo a través del profeta
Jeremías: «Procurad la paz de la ciudad a la cual os hice transportar,
y rogad por ella a Jehová; porque en su paz tendréis vosotros paz».[101]
Oremos por nuestra nación, sus gobernantes, su paz, porque en su
paz encontraremos nosotros paz, y la misión del pueblo de Dios
continuará adelante.

En este episodio de la vida de José, también vemos que, aunque
Dios le envía un sueño inquietante a Faraón, *este se duerme de nuevo*.
¿Cómo puede ser? Después de soñar con esas siete vacas flacas y feas,
tras ver algo tan terrorífico, ¿cómo pudo volverse a dormir? Pues,
aunque parezca increíble, puede suceder, que aun en situaciones de
profunda adversidad a veces podemos llegar a hacer como Faraón,
ignorando la voz de Dios para volvernos a dormir. Por eso Dios le
envió un segundo sueño igual de espantoso, para que el soberano de
Egipto cobrara conciencia de la importancia y urgencia de lo que
Dios le estaba comunicando. El Señor, en su infinita paciencia, nos
concede escuchar las exhortaciones del evangelio una y otra vez para
que atendamos a Su voz, deseando que ninguno perezca, sino que
todos procedan al arrepentimiento.[102]

Por último, en este evento de los dos sueños de Faraón observamos
que *la gente busca ayuda donde no la hay*. Faraón acudió a los magos
y sabios de Egipto, pero estos no tenían respuesta. Los incrédulos

no se dan cuenta de que Dios tiene respuestas para sus preguntas más profundas, pero en su ceguera espiritual no acuden a Él. Dios responde a las interrogantes más importantes de nuestra existencia. Cuando alguien siente remordimientos después de pecar se pregunta cómo borrar su culpabilidad, pero no acude a Cristo. Cuando alguien enfrenta la muerte se pregunta qué será de él, pero no acude a Cristo. Cuando alguien sufre en este mundo de pecado se pregunta si algún día se hará justicia, pero no acude a Cristo. La vida está llena de experiencias que llaman a la puerta de tu corazón. Grandes enigmas que solo tienen respuesta en Cristo Jesús y su evangelio. Quien batalla con la incredulidad, seguramente se ha hecho grandes preguntas, y ha procurado que las respondan los sabios y magos de este mundo. Sé vigilante, no estés también tú sentado en tu cama como Faraón, pensativo, turbado, inquieto, y rodeado de consejeros sin respuestas. Así como Faraón necesitaba que alguien le acercara a José, tú y yo necesitamos que alguien nos acerque a Cristo. Solo Él tiene palabras de vida eterna.

Cuando el copero escucha los sueños de Faraón, entonces se acuerda de José y le explica a Faraón lo que sucedió dos años atrás.[103] El copero se acordó de José cuando tuvo ante sí la necesidad de interpretar otro sueño, así como hay quienes se acuerdan de Jesús solo cuando tienen algún problema que resolver. Cuando el copero explicó cómo José interpretó acertadamente su sueño y el del panadero, Faraón de inmediato mandó traer a José ante él. José es sacado de la prisión, afeitado, lavado y vestido para la ocasión.[104] Cuando a José ante Faraón se le pide que interprete el sueño, él responde con humildad: «No está en mí; Dios será el que dé respuesta propicia a Faraón».[105] Faraón describió sus dos sueños a José, y podemos observar en su descripción que añade un detalle importante.[106] Faraón narra que las siete vacas flacas eran tan feas como jamás había visto en la tierra de Egipto, y que, al comerse a las siete vacas gordas, las flacas se quedaron igual de feas, como si no hubieran comido nada. Este detalle recalca la inmensa preocupación de Faraón. Algo muy malo está por suceder, algo tan feo como nunca antes se había visto, algo que parece no tener un remedio natural. En ese instante, José interpreta los sueños en presencia de Faraón. Los dos sueños son uno mismo en realidad, y explican lo que Dios está a punto de hacer en la tierra de Egipto. Dios va a enviar siete años de gran abundancia, y después siete años de mucha escasez, una época de tanta necesidad que consumirá a la tierra de Egipto y hará desaparecer toda la abundancia anterior.[107]

Pero José, de forma valiente y sabia, decide ir más allá, y después de haber interpretado los sueños le ofrece a Faraón la solución a su problema: *Faraón, necesitas a un hombre, un administrador, un primer ministro sabio, responsable, fiel, íntegro, que guarde el grano durante los siete años de abundancia, la quinta parte de todo. Un administrador que esté sobre los gobernantes de cada territorio, que tenga toda autoridad, que esté a tu mano derecha. Delante de esta gran necesidad necesitas un hombre que lleve a cabo un gran plan de rescate para tu pueblo.* «Por tanto, provéase ahora Faraón de un varón prudente y sabio, y póngalo sobre la tierra de Egipto».[108] Mientras José explicaba su propuesta a Faraón, estoy seguro de que lo ojos de Faraón se iluminaban. Al escuchar de labios de José cómo debía ser ese varón que rescatara a Egipto, Faraón ve con claridad que José se está describiendo a sí mismo. «El asunto pareció bien a Faraón y a sus siervos, y dijo Faraón a sus siervos: ¿Acaso hallaremos a otro hombre como éste, en quien esté el espíritu de Dios?».[109]

Dios, a través de José, salvó de una muerte segura a Egipto y todo un pueblo tuvo alimento en tiempo de hambre. ¿Podemos ver en José un reflejo del ministerio de nuestro Señor Jesús? Así como José fue un maravilloso administrador, nuestro Señor Jesús nos salva, sustenta, cuida, y nos rescata de la muerte espiritual. Jesús es nuestro Salvador, y podemos observar una vez más que la vida de José nos habla del precioso evangelio de Cristo. Al igual que Faraón, vivimos angustiados por el futuro. Faraón no se asustó de las siete vacas gordas, sino de las siete flacas. Tú también temes que las siete vacas gordas que ahora disfrutas no duren por siempre. Todos, tarde o temprano, hemos de afrontar nuestra gran necesidad espiritual. En ti mismo no tienes agua viva. No tienes pan del cielo. No tienes alimento espiritual para el día malo. Dios te ha enviado mensajeros muchas veces, lo mismo que a Faraón. Él tuvo esos dos sueños, pero tú tal vez has tenido otros emisarios del cielo, y Dios te ha acercado Su Palabra a través de amigos, sermones y experiencias que te han recordado que tienes una inmensa deuda espiritual con Dios. Tal vez, como Faraón, hasta ahora no has querido escuchar y has preferido echarte a dormir de nuevo. Pero por la misericordia de Dios, has vuelto a escuchar el mismo mensaje que te ha inquietado una vez más. Da gracias al Señor por su insistencia. Da gracias a Dios cada vez que escuchas Su Palabra y te conmueve, o te preocupa, o te irrita, o te consuela, o te alegra. Da gracias a Dios cuando escuchas el evangelio, porque Dios no te ha abandonado a tu suerte. Quizá como a Faraón, Dios ha puesto cerca de ti a un copero que en el momento de tu angustia más profunda también te ha dicho «Conozco un hebreo que me dijo la verdad, y puede hacer lo mismo contigo». Escucha Su voz. Ven a Jesús.

Las acciones de José en este episodio de su historia también nos apuntan a Jesús como ese glorioso Salvador enviado por Dios. José habló a Faraón de la necesidad de un primer ministro, y Jesús te habla a ti de la necesidad de un Redentor. Así como José describía la solución y estaba hablando de sí mismo, Jesús describiendo el evangelio habla de sí mismo. Él es la perla de gran precio; Él es el Camino, la Verdad y la Vida; Él es el buen samaritano que nos sana; Él es el pastor que busca a la oveja perdida; Él es el pan de vida y el agua viva. Faraón dijo de José: «¿Acaso hallaremos a otro hombre como éste, en quien esté el espíritu de Dios?».[110] Del mismo modo, nosotros hemos de mirar a Cristo en nuestra necesidad y exclamar: «Señor, ¿a quién iremos? Tú tienes palabras de vida eterna».[111] ¡No hay nadie como Cristo! En justicia, en obediencia al Padre, en poder, en sabiduría y en santidad.

Observa también que, sin José, en medio de la hambruna, los egipcios estaban condenados a la angustia y la desesperación. Faraón sabía que esas vacas flacas no anticipaban algo bueno, y la preocupación le torturaba. Sin un salvador, el único consuelo era seguir devorando las vacas gordas hasta que la vida se acabara por completo. Pero con José se abre una puerta a la esperanza. José fue el salvador de Egipto, así como Jesús es el Salvador del mundo. Egipto sin José, está como el mundo sin Cristo. La gente mira a su alrededor y ve la injusticia, la muerte, la desesperanza, y no encuentra ninguna respuesta que les sacie. Nuestro mundo clama a gritos que necesita un Salvador. Pero observemos que a Faraón no le bastó con tener a José en su palacio. No bastó con dejarle entrar para escuchar sus palabras. Algunas personas dicen *Quiero conocer a Jesús. Preséntamelo.* Y aun se refieren a Él como «es mi amigo». Pero en Egipto no hubo salvación hasta que Faraón exaltó a José hasta lo sumo, y lo sentó en su trono; le dio todo poder sobre el reino; puso a todos los gobernadores bajo sus órdenes, y dijo a toda su gente: «Id a José, y haced lo que él os dijere».[112] Saber de Jesús no te va a salvar. Tener a Jesús como tu amigo tampoco puede salvarte. Haz de Jesús el Señor absoluto de tu vida. Que Él ocupe el trono de tu alma. Que Él gobierne sobre todas las provincias de tu corazón. Medita en las palabras de Faraón y aplícalas a tu vida como una medicina para tu ser: Ve a Jesús, y haz todo lo que te diga. No hay otro Salvador. No hay otro en quien tengamos alimento espiritual. Su gracia es mayor que tu necesidad. ¡Ven a Cristo! Pero no le digas a Jesús solamente «Entra». Debes decirle «Aquí está tu trono, y sé Señor sobre todas las cosas, porque sé que solo en ti hay salvación, y fuera de ti solo hay hambre, muerte, angustia y desesperación». En medio de tu necesidad espiritual escucha Su voz.

«… el que bebiere del agua que yo le daré, no tendrá sed jamás; sino que el agua que yo le daré será en él una fuente de agua que salte para vida eterna». (Juan 4:14)

«Yo soy el pan de vida; el que a mí viene, nunca tendrá hambre; y el que en mí cree, no tendrá sed jamás». (Juan 6:35)

La gracia de Dios en tu vida

1. ¿Por qué Dios habló a Faraón mediante un sueño? ¿Hemos de esperar que Dios nos hable por sueños hoy día? ¿Por qué?

2. ¿Qué significa el sueño de las siete vacas gordas y las siete vacas flacas?

3. Faraón no entendía el sueño y consultó con sus sabios y magos. ¿A quién preguntas tú cuando tienes grandes preguntas? ¿Cuáles son tus consejeros a la hora de tomar decisiones importantes y buscar dirección para tu vida? Así como Faraón, ¿qué preguntas tienes hoy que te inquietan?

4. ¿Qué relevancia tiene el hecho de que Faraón no entendiera el sueño, ni sus sabios, ni sus magos, y necesitara acudir a José? ¿Qué relación tiene esta realidad con Hechos 8:30,31?

5. ¿Por qué Dios procuró el bien de Egipto, si era una nación pagana e idólatra?

6. ¿Qué solución presenta José para salvar a Egipto? ¿Dónde estaba esa solución?

7. Explica con tus propias palabras Juan 6:68.

8. Describe de qué manera este episodio de la vida de José señala hacia nuestro Señor Jesús y su ministerio como nuestro Salvador.

9. Así como Egipto no se salvó por el simple hecho de escuchar a José, no hay salvación para el pecador con el simple hecho de escuchar a Jesús. ¿Qué hizo Faraón con José? ¿Qué debes hacer tú con Cristo?

¡JOSÉ ES EXALTADO!

Génesis 41:39-57

José descendió para volver a ascender. Pasó de estar en casa de su padre a lo profundo de un pozo. Pasó de ser mayordomo en la casa de Potifar a estar encerrado en una cárcel. Pero ahora vuelve a ascender para no descender de nuevo. Todas sus vicisitudes se podrían entender si José se hubiera comportado de forma indigna pecando contra Dios. Podríamos entonces decir que, así como Jonás descendió, José descendió por su rebeldía. Pero todo este padecimiento no deja de sorprender al ver en José un hombre íntegro delante del Señor y aún así verlo padecer profundamente. Sabemos que Dios hará justicia en el día del juicio y todas las cosas serán enderezadas. Pero en algunas ocasiones Dios también hace justicia en esta vida y ante los ojos de todos los hombres. Así sucedió en el caso de José. Si José se hallaba en el punto más bajo de su historia en Génesis 40, ahora en Génesis 41 José es exaltado al lugar más eminente, a la diestra de Faraón. Meditemos en la exaltación de José y, por supuesto, una vez más, descubramos cómo la exaltación de José es preludio de la gloriosa exaltación de Cristo.

Parece muy obvio, pero ante todo hemos de destacar que es Faraón quien exalta a José. Nadie más. No hay votaciones. No hay campaña electoral. No hay aplausos de las multitudes. José recibe el favor de Faraón, y es Faraón quien lo ensalza hasta lo sumo. Muchos no conocen a José, pero Faraón sí, y por ello exclama: «¿Acaso hallaremos a otro hombre como éste, en quien esté el espíritu de Dios?».[113] Faraón observó la virtud, la sabiduría y la integridad de José. Si *Elohim* está con él, ¿cómo podría encontrar a alguien como él? Faraón era un hombre curtido en la política, pero le bastaron pocos minutos con José para quedar profundamente impresionado de su sabiduría y su carácter. Quizá si Faraón hubiera preguntado al copero, le hubiera respondido *¿José? Mi señor, tampoco hay para tanto*. Si hubiera preguntado a Potifar podría haber dicho *Mi señor, yo lo envié a la prisión, ¿y ahora tú lo haces mi amo?* Si preguntara a la mujer de Potifar podría responder *¿Quién, José? ¿Faraón no sabe de quién se trata? Porque en lo secreto es otra persona*. Pero no es la gente quien exalta a José y sus virtudes, sino el soberano de Egipto. Él ve lo que los demás no pueden ver, que la presencia de Dios está sobre José de una forma especial, que Dios le ha hecho saber todo esto, que José tiene una sabiduría sin igual, que no hay entendido ni sabio como él, y que como consecuencia José es quien ha de gobernar toda la tierra de Egipto: «Por tu palabra se gobernará todo mi pueblo».[114]

Lo mismo sucede con nuestro Señor Jesucristo. Él no es exaltado por la gente. Todo lo contrario. Las mismas personas que clamaban «Bendito el que viene en el nombre del Señor», al cabo de unos días gritaban «¡Crucifícale! ¡Crucifícale!».[115] Si le preguntas a Pilato por Jesús te dirá que *es un buen hombre, pero hacerle Rey de reyes, es un poco exagerado.* Herodes te asegurará que *el rey de los judíos soy yo, y este es solo un impostor;* y el pueblo afirmará *¡Mejor suéltanos a Barrabás!* No es la gente, sino Dios el Padre quien exalta a Cristo Jesús hasta lo sumo. El Padre, al ver al Hijo, quedó completamente satisfecho con Él. No hay sabio como Él. No hay Santo como Él. No hay Justo como Él. Mucha gente no conocía a José y quedaron sorprendidos anta la decisión de Faraón. De igual modo, muchos no conocen a Cristo y quedarán sorprendidos cuando el día de mañana vean a Cristo exaltado. Para algunos Jesús de Nazaret fue tan solo un buen hombre. Para otros se trata de un profeta entre tantos. Pero el Padre Celestial ve en Cristo Jesús la perfección absoluta. Solo Cristo está lleno de la presencia de Dios, pues en Él habita corporalmente toda la plenitud de la Deidad.[116] Solo Cristo está lleno de toda sabiduría, pues Él es el único y sabio Dios, nuestro Salvador.[117] ¡Solo Cristo! Tal como Faraón le dio a José todo el poder sobre la tierra de Egipto al ver su virtud, Dios el Padre le dio a Jesucristo todo el poder sobre todas las cosas, y lo exaltó hasta lo sumo al ver Su perfección.

En el relato vemos que Faraón otorga a José todo el reconocimiento posible. Cuando Faraón exaltó a José, no solo pronunció palabras bonitas y altisonantes. Faraón exaltó a José en cinco formas prácticas, evidentes y públicas. En primer lugar, le dio *toda autoridad,* pues «quitó su anillo de su mano, y lo puso en la mano de José».[118] El anillo de un rey era mucho más que una pieza fina de orfebrería. En su anillo el rey llevaba grabado el sello oficial. Con su anillo, Faraón firmaba cartas para otro rey o decretos oficiales, edictos de pena de muerte o indultos, declaraciones de guerra o tratados de paz. Faraón no dio a José un anillo más, le puso «su anillo». Ahora es José quien puede firmar cualquier documento, quien tiene todo el poder en el Imperio de Egipto. Todo iba a suceder por voluntad de José, con la autoridad del sello de Faraón. Todo lo que Faraón sellaba se llevaría a cabo a través de José, y todo lo que José sellara sería igual como si lo sellara Faraón, porque Faraón puso en la mano de José su anillo. ¡Qué gran anticipo de la obra de Jesucristo! Cristo se hizo carne y tomó forma de siervo. Cristo fue crucificado, muerto y sepultado. Pero al tercer día resucitó, y su Padre lo exaltó sobre todas las cosas y le ha dado todo el poder en los cielos y en la tierra. Todo lo que los ángeles piensan lo hacen bajo las órdenes de Cristo. Todo lo que los demonios traman lo llevan a cabo si tienen el permiso de Cristo. Todo lo que los hombres planifican sucede con el beneplácito de Cristo. Cristo pone y quita reyes, Él da y quita la vida, convierte o endurece los corazones. Ni un pajarillo cae a tierra sin Su consentimiento. El Señor Jesús dijo «toda potestad me es dada en el cielo y en la tierra», y sabemos que «todas las cosas por él fueron hechas, y sin él nada de lo que ha sido hecho, fue hecho».[119] Jesús es el Creador de todo, y Jesús es el Señor de todo. El anillo de Dios el Padre está puesto en Su mano, y todo lo que el Padre hace es a través de Su Hijo amado.

En segundo lugar, Faraón *vistió de majestad* a José. «Lo hizo vestir de ropas de lino finísimo, y puso un collar de oro en su cuello». Las vestiduras expresan la condición y el estatus de una persona. Si tuvieras mañana una entrevista de trabajo, no te presentarías en pijama, sino en algo más formal, porque deseas mostrar que eres una persona digna de confianza. Si estás triste o alegre, vistes diferentes colores. Puedes distinguir por su vestimenta a un estudiante, a un ejecutivo, a una enfermera, a un policía, o a un mendigo. En la vida de José, sus vestiduras nos narran su historia. Su padre le regaló una túnica de colores que expresaba su favor y predilección por él, y sus hermanos se la quitaron para mancharla con sangre. Potifar le vistió con una túnica de siervo, pero la mujer de Potifar se la quitó para injuriarlo. En prisión, José vistió la túnica más humilde, la del siervo de los siervos. Pero todo ese proceso de humillación que duró trece años fue transformado en un solo día. El siervo de los siervos es ahora el rey de reyes. Faraón reconoce a José como un verdadero príncipe al poner un collar de oro en su cuello, uno de esos collares anchos que solemos ver en esculturas y pinturas egipcias y que denota prestigio, favor y realeza. Faraón reconoce que la presencia de Dios está con José, y le viste con telas dignas de un rey y un sacerdote; con el lino más puro de todo el reino. De la misma manera, nuestro Señor Jesucristo se despojó de Su gloria celestial y tomó forma de siervo. Jesús se despojó de Su gloria y se vistió de carne para servirnos y habitar entre nosotros. Jesús se ciñó una toalla y estuvo lavando los pies de los discípulos. Más aún, Jesús fue despojado de su túnica para ser clavado en una cruz, «estando en la condición de hombre, se humilló a sí mismo, haciéndose obediente hasta la muerte, y muerte de cruz».[120] Pero toda esa humillación fue restaurada en un instante. El Padre le exaltó hasta lo sumo al resucitarle de entre los muertos y otorgarle toda potestad, vistiéndolo de gloria y majestad. El Señor Jesús, en su oración final exclamó: «Ahora pues, Padre, glorifícame tú al lado tuyo, con aquella gloria que tuve contigo antes que el mundo fuese».[121] Ahora Cristo es nuestro Rey, nuestro Profeta y nuestro Sacerdote. El Señor Jesucristo está a la diestra del Padre y está vestido de oro puro y de lino finísimo.

Faraón también *proclamó públicamente la gloria de José*, cuando «lo hizo subir en su segundo carro, y pregonaron delante de él: ¡Doblad la rodilla!».[122] Solo Faraón iba delante de él, mientras realizaban una procesión solemne por todo el reino. En aquel tiempo no había medios de comunicación como la radio o la televisión. Un desfile de este tipo era la forma de anunciar a todos los ciudadanos quién era José, para que al verlo todos pudieran reconocerlo y obedecerlo en todo momento. Mientras los carros viajaban por el reino, los pregoneros del rey tocaban las trompetas y anunciaban: «¡Doblad toda rodilla!» ¡Todos los habitantes de Egipto habían de inclinarse ante José! Unos se inclinaron con alegría, otros con indiferencia, otros con admiración. Entre ellos doblaron su rodilla el copero y sus siervos, pero el carro también pasó cerca de la casa de Potifar, y este dobló su rodilla ante José. La mujer de Potifar también, probablemente con resignación mientras agachaba su rostro avergonzada. Pero, así como José fue exaltado y todos los egipcios lo vieron en su gloria, el Señor Jesucristo será también exaltado en el día final y todo el mundo verá Su majestad. En ese día «todo ojo le verá».[123] Los vivos lo verán descender en las nubes, y los muertos serán resucitados y Dios les dará ojos para poder verlo. Todo ojo lo verá y reconocerá que Jesucristo es el Señor. Y no solo lo veremos, sino que también lo adoraremos. Así como todos los ciudadanos de Egipto doblaron su rodilla ante José mientras los siervos de Faraón proclamaban su grandeza, se acerca el día en el que todos los hombres y mujeres de la historia doblarán sus rodillas ante Jesucristo, mientras los ángeles de Dios proclaman Su nombre.

«Por lo cual Dios también le exaltó hasta lo sumo, y le dio un nombre que es sobre todo nombre, para que en el nombre de Jesús se doble toda rodilla de los que están en los cielos, y en la tierra, y debajo de la tierra; y toda lengua confiese que Jesucristo es el Señor, para gloria de Dios Padre». (Filipenses 2:9-11)

¡Toda rodilla se doblará y toda lengua confesará! Por supuesto que en ese día se doblarán ante Cristo las rodillas de las huestes de ángeles y querubines. Y a los ángeles se sumarán todos los santos de todos los tiempos: Moisés, Abraham, Noé, Daniel, Lutero,

Calvino, Spurgeon. Pero también habrá rodillas que al doblarse van a chirriar como bisagras oxidadas: Poncio Pilato, Herodes, Judas, todos estarán de rodillas ante Cristo. De igual modo, los grandes líderes políticos y espirituales de todos los tiempos doblarán sus rodillas ante Jesucristo el Rey: Napoleón, Alejandro Magno, Buda, Mahoma, Hitler... de rodillas ante Cristo. Nietzsche, quien escribió «*El anticristo*», dirá en aquel día: *Jesucristo es el Señor.* Todos los grandes perseguidores de la Iglesia y enemigos de la cruz estarán de rodillas ante Cristo. Finalmente, Satanás y todas las legiones de demonios se hallarán derrotados y de rodillas ante Cristo. Querido amigo, tus rodillas también se doblarán en aquel día final, y tu lengua también confesará que *verdaderamente Jesucristo es el Señor.* Medita en esto. Tus rodillas se pueden doblar hoy con el gozo de los ángeles, o mañana con la resignación de los demonios. ¡Dobla hoy tus rodillas ante el Señor con el gozo de un pecador arrepentido y perdonado por gracia!

En cuarto lugar, Faraón dio a José un *nuevo nombre*, «y llamó Faraón el nombre de José, Zafnat-panea».[124] No se conoce con certeza el significado del nuevo nombre egipcio otorgado a José. Algunos dicen que proviene de la expresión egipcia *P-sote-m-ph-eneh*, del griego *soter kósmou*, es decir, «el salvador del mundo». Otros afirman que proviene del egipcio *P-sont-em-ph-anh*, «sustentador de la vida».[125] Sea cual fuere su significado exacto, es claro que Faraón dio a José un nombre que describía su función salvadora y que, por ese nombre, todos los egipcios debían conocerlo, honrarlo y venerarlo. Este era un nombre nuevo para José, y un nombre nuevo en el reino. Este era el nombre que los siervos de Faraón anunciaban, y ante el cual la gente doblaba sus rodillas: *Arrodillaos ante Zafnat-panea, el salvador de Egipto.* Qué hermoso preludio de nuestro Señor Jesucristo. Él es nuestro Salvador, nuestro Sustentador. Sin Él estamos muertos, perdidos y desvalidos. Por eso Dios le exaltó hasta lo sumo, y le dio un nombre que es sobre todo nombre, porque no hay otro nombre bajo el cielo, dado a los hombres, en que podamos ser salvos.[126] Jesús es Su nombre. Un nombre que Dios el Padre le dio, cuando un ángel descendió para ordenar a José y a María, «llamarás su nombre JESÚS, porque él salvará a su pueblo de sus pecados».[127] *Jesús. Yehosua. Yahveh Salva.* Así como el nombre de José anunciaba que él era el salvador de Egipto, el nombre de Jesús anuncia que Él es nuestro Salvador. El único Salvador de una humanidad perdida y destinada a la muerte.

Por último, Faraón dio a José *una esposa*: «... y le dio por mujer a Asenat, hija de Potifera sacerdote de On».[128] Asenat no era una esposa cualquiera, sino una mujer de la aristocracia. Los sacerdotes egipcios eran la casta más respetada del reino, y al unir a José con la hija de un sacerdote, Faraón estaba otorgando un gran honor a José, elevándolo al nivel más alto dentro de la sociedad egipcia. Es curioso observar que aparecen dos mujeres en la vida de José. Primero la mujer de Potifar, que lo acosa en su tiempo de servidumbre, y después Asenat, que Faraón le entrega como esposa en sus días de gloria. Como José, muchos jóvenes han de enfrentar este mismo reto, y evitar la mujer zalamera esperando en la perfecta provisión de Dios. Pero en este punto puede que al lector le cause cierta sorpresa ver que José se casó con una mujer egipcia, y por tanto pagana. Después de observar lo recto y justo que ha sido José a lo largo de su vida, podríamos esperar que al ofrecerle a Asenat por esposa José dijera *¡Oh, no, Faraón! ¡No puedo aceptarla porque el Señor ha dicho claramente «No os unáis en yugo desigual con los incrédulos!».* Y es cierto. La Palabra de Dios es muy clara respecto al matrimonio con incrédulos. Un creyente solo debe contraer matrimonio con alguien de su misma fe.[129] Pero también es cierto que no podemos juzgar a José por una ley que no entraría en vigor hasta después del Éxodo, cuando Dios liberaría a Su pueblo de la esclavitud en Egipto y les daría instrucciones muy claras sobre no unirse en matrimonio con los pueblos cananeos. Por otro lado, recordemos que ya sus antepasados habían buscado esposas de su misma fe. Abraham mismo había enviado a su siervo a buscar esposa para Isaac de entre su parentela y fue así como encontró a Rebeca.[130] Entonces, ¿hizo mal José casándose con Asenat, o no? Si no hizo mal, ¿entonces pudiéramos seguir el ejemplo de José y casarnos con una persona incrédula? Pero si hizo mal, ¿entonces José no es tan justo como parecía? Lo cierto es que la Palabra de Dios no nos dice que hiciera mal por haberse casado con Asenat, pero sí nos habla muy claramente y sin reparos del pecado de Salomón o de Sansón por casarse con mujeres incrédulas. Moisés, el autor de Génesis, no describe la boda de José con Asenat como una falta. José era un hombre justo, y nunca expresó arrepentimiento o culpabilidad por haberse casado con una egipcia. José se casó con Asenat con una limpia conciencia ante Dios puesto que, como todo lo que estaba viviendo hasta entonces, el matrimonio con Asenat era una más de las circunstancias que vinieron a su vida. Igual como servir a Potifar, o hallarse en prisión, o sus sueños, o el trono. Lo cierto es que José está dispuesto a ser de testimonio aun en este matrimonio que Faraón ha escogido para él. José ve su futuro ligado para siempre a Egipto, de modo que llama a su primer hijo «Manasés» («Dios me hizo olvidar todo mi trabajo, y toda la casa de mi padre»).[131] Pero la tierra de Egipto, aún en su nueva posición, sigue siendo su exilio, y por ello llama a su segundo hijo «Efraín» («Dios me hizo fructificar en la tierra de mi aflicción»).[132] José pone a sus hijos nombres hebreos y continúa hasta el fin de sus días siendo fiel a su Dios en todo.

En toda esta experiencia, también podemos admirar la obra del Señor Jesucristo. Cristo también tiene una esposa que le ha sido dada. La Iglesia es la esposa de Cristo, entregada por el Padre celestial; y a pesar de que ella corre tras los ídolos de este mundo, vez tras vez Cristo continúa siendo un esposo fiel, paciente y abnegado. Pero en el caso del Señor Jesús, ¿por qué habría de suponer un honor tener una esposa como nosotros? ¿De qué manera el Padre exalta al Hijo dándole una esposa tan inconstante, infiel y débil como Su Iglesia? ¡La Iglesia ha sido dada a Cristo para que el nombre de Cristo sea exaltado, no por el estatus de la Iglesia, sino por lo hermosa que es la obra que Cristo ha hecho en ella!

«Maridos, amad a vuestras mujeres, así como Cristo amó a la iglesia, y se entregó a sí mismo por ella, para santificarla, habiéndola purificado en el lavamiento del agua por la palabra, a fin de presentársela a sí mismo, una iglesia gloriosa, que no tuviese mancha ni arruga ni cosa semejante, sino que fuese santa y sin mancha». (Efesios 5:25-27).

¿No te parece asombroso? Cristo nos santifica y hace de nosotros una Iglesia gloriosa. Cristo lava nuestras manchas y quita nuestras arrugas. Sea cual sea tu pasado, tu dolor, tus pruebas, tus pecados, tus luchas, tus sinsabores, Su gracia es mayor, y Cristo hace en ti algo nuevo y maravilloso. ¿Qué está haciendo Cristo en ti? Te ha dado nueva vida. Te ha dado un corazón que le ama. Te ha dado su Espíritu. Te ha dado la vida eterna. Pero además Cristo te está lavando, purificando, limpiando, para que, en el día final, perfecto y sin mancha, puedas entrar en la gloria del Padre. ¡Exalta el nombre de Cristo en tu vida! Si el Padre lo ha puesto sobre todas las cosas, ¿no debiera gobernar también sobre tu corazón? Dobla tu rodilla ante Él, es el pan de vida para tu alma. Confiesa que Jesucristo es el Señor, «porque todo aquel que invocare el nombre del Señor, será salvo».[133] Dios ha exaltado a Cristo hasta lo sumo. Así como Faraón hizo con José, Dios le ha dado a Jesucristo un nombre *perfecto* para Su gloria, un poder *perfecto* para Su gloria, un vestido *perfecto* para Su gloria, pero le ha dado una esposa *imperfecta* para Su gloria. Había de ser así, para maravillarnos al contemplar la gloria de Cristo al ver lo que Él está haciendo en nosotros.

La gracia de Dios en tu vida

1. Explica por qué Faraón exaltó a José. ¿Qué vio en él?
2. ¿De qué manera la exaltación de José por parte de Faraón señala a la exaltación de Jesús por parte del Padre?
3. Comenta qué significa cada una de las formas en las que Faraón exaltó a José y porqué suponían un honor para José:
    a. *Puso su anillo en su mano*
    b. *Le vistió de lino finísimo y puso un collar de oro en su cuello*
    c. *Lo hizo subir a su segundo carro y pregonaron delante de él: ¡Doblad la rodilla!*
    d. *Le dio el nombre de Zafnat-panea*
    e. *Le dio por mujer a Asenat*
4. ¿Hizo mal José en casarse con Asenat? ¿Por qué?
5. ¿Cómo es y cómo será la esposa de Cristo según Efesios 5:25-27?
6. ¿Qué significa *Zafnat-panea*, y de qué manera este título apunta al Señor Jesucristo?
7. En Egipto toda rodilla se dobló ante *Zafnat-panea*. ¿De qué forma este suceso supone un preludio de la victoria de Cristo?
8. Lee Filipenses 2:9-11. ¿Cómo se doblarán tus rodillas en ese día? ¿Con gozo? ¿Con tristeza?
9. Si Dios el Padre ha exaltado a Cristo hasta lo sumo, ¿qué has de hacer tú?

10. ¿Qué implicaciones prácticas tiene la exaltación de Cristo en tu vida? ¿Cómo lo exaltas?
    a. *En tu trabajo y tus estudios*
    b. *En tu hogar*
    c. *En tus relaciones personales*
    d. *Con tu tiempo*
    e. *Con tus finanzas*
    f. *Con tus pensamientos*
    g. *Con tus metas en la vida*

8

LA IRA DE ZAFNAT-PANEA

Génesis 42:1-38

Imagina por un momento que eres el propietario de una fábrica, y estás realizando varias entrevistas de trabajo. Necesitas un director general que esté a cargo de la producción, venta y distribución de tus productos. Empiezas las entrevistas un lunes por la mañana y el primer candidato es un hombre de unos treinta años. Le haces algunas preguntas sobre su trasfondo y te comenta que viene de una familia conflictiva, que perdió a su madre cuando era muy joven, que no tiene estudios formales pero que es muy trabajador, que apenas conoció a su hermano pequeño porque fue llevado a la fuerza al extranjero, que fue explotado desde su juventud, que intentaron asesinarle, y que acaba de salir de prisión por un delito que no había cometido, y entonces exclamas *¡Siguiente entrevista, por favor!* Muy probablemente, jamás hubieras contratado a José. Los detalles de su historia parecen hablar en su contra. No lo hubieras puesto como director de tu fábrica, y sin embargo Dios lo puso como príncipe sobre toda la tierra de Egipto. Lo que Dios hizo con José a pesar de sus circunstancias fue increíble. A nuestro Dios le encanta trabajar así, con los casos perdidos. Porque cuanto más viles son los recursos humanos, menos gloria podemos apropiarnos y más gloria recibe Su Nombre. Dios obró así en la vida de José, y puede hacer prodigios en tu vida a pesar de ti. La vida de José es un tremendo ejemplo de cuán necesario te resulta dejar de mirar a tu pasado, tu familia, tu historia, tus pecados, tus debilidades o tus genes. Deja de encontrar en tu historia excusas fáciles para no avanzar, y encuentra en tu historia razones obvias para confiar en Dios. Necesitas pensar menos en tus flaquezas para pensar más en Su poder, porque a pesar de tus miserias la gracia de Dios es lo más grande que te ha sucedido. No importa tu pasado si en las manos de Dios está tu futuro. Recuerda que tus carencias son muchas, pero Su gracia es mayor.

En Génesis 41 nos encontramos con José en la posición de primer ministro de Egipto, y vimos cómo personas de todos los pueblos venían a él por pan a causa del hambre prevalente en toda la tierra. Esta era una crisis mundial, y solo José tenía alimento. Solo Zafnat-panea, el salvador de Egipto, tenía pan. La gente de todos los pueblos se decían unos a otros *Vayamos a Egipto. El príncipe Zafnat-panea tiene alimento. Aquí moriremos de hambre, pero allí podemos conseguir sustento y solo así viviremos.* Este es el poderoso mensaje que encontramos en la vida de José, un mensaje sobre la providencia y la gracia de Dios. Ahora, en Génesis 42, ya han pasado los siete años de abundancia, y también los primeros dos años de escasez.[134] José tiene treinta y nueve años, y ya hace veintidós años que fue deportado a Egipto y no ve a su familia. Benjamín era apenas un bebé cuando José fue separado de él, y ahora ya debe de ser un hombre de unos veintidós años. Cuando leemos en nuestro relato que todos los pueblos van a Egipto en busca de pan, no podemos dejar de pensar en Israel. El reencuentro entre José y sus hermanos se está gestando. En efecto, el hambre también llega a Canaán y la familia de José también necesita alimento. Jacob envía a sus diez hijos mayores a comprar comida en Egipto, pero se queda con Benjamín, «no sea que le acontezca algún desastre».[135] Jacob había sufrido mucho con la pérdida de José y no está dispuesto a perder el único hijo que le queda de su amada Raquel.

En medio de una necesidad de alimento tan grande Jacob les dijo a sus hijos: «¿Por qué os estáis mirando?»[136] ¡Hay que hacer algo! ¡Hay que actuar o todos moriremos! Si hay pan en Egipto, ¡hay que ir allá a comprar pan! No basta con ver la necesidad, o saber dónde está la solución. Jacob era un hombre sabio que entendía que era necesario actuar pronto. La necesidad es grande, y el tiempo es breve. En nuestros días, nuestra oración es que la gente que nos rodea vea lo mismo que vio Jacob. Es evidente que estamos en medio de una gran hambruna espiritual. Las personas están insatisfechas, sedientas, hambrientas, y buscan pan espiritual desesperadamente. Sin embargo, Cristo dice: «Yo soy el pan vivo que descendió del cielo; si alguno comiere de este pan, vivirá para siempre».[137] Si estás hambriento, y Jesús es el pan de vida, escucha la voz de Jacob que te dice *¡Despierta! ¡No te quedes quieto!* No basta con ver tu necesidad. No basta con saber que Jesús es la solución. Si no vas a Cristo, el pan del cielo, morirás de hambre. Así como la gente de todas las naciones de la tierra acudían a José buscando alimento para sus cuerpos, y eran saciados, gente de todas las naciones acuden a Cristo para recibir alimento para sus almas y son saciados, porque Jesús dijo: «Todo lo que el Padre me da, vendrá a mí; y el que a mí viene, no le echo fuera».[138] Tú también debes escuchar el consejo de Jacob: No te quedes ahí mirando. ¿Tienes hambre? Él es el pan de vida.

¡Ven a Cristo! Ábrele tu corazón, y cuéntale tu triste historia. En sus labios hay perdón.

Los hermanos de José llegaron a Egipto, donde el poder de José es absoluto. El texto lo describe como el «señor» de la tierra. Otras traducciones dicen que era el «gobernador». El término hebreo usado es *shalim*, cuya correspondencia en árabe sería *sultán*. El poder de José es total, no solo en Egipto, sino en el mundo entero, porque todos los pueblos acuden a él buscando alimento. Entre las caravanas provenientes de los países vecinos, también vemos a unos hebreos hambrientos y cansados del polvoriento camino. Los hermanos de José llegaron ante él y «se inclinaron a él rostro a tierra».[139] José entonces debió de recordar los sueños que tuvo veintidós años atrás. Las gavillas de sus hermanos se inclinaban ante la suya. José reconoció el rostro de sus hermanos, pero ellos no le reconocieron a él. Había cambiado mucho en veintidós años. Además, José vestía como un príncipe egipcio, con los ojos maquillados, bien afeitado, y hablando en otra lengua mientras un intérprete le traducía. Sus hermanos estaban necesitados, desesperados, y muertos de hambre cuando se presentaron ante este poderoso príncipe de Egipto. A pesar de reconocerlos, José en ese momento hizo algo que nos sorprende. Desde su trono, les hablo ásperamente *¡¿Qué hacéis aquí?!* *¡¿A qué habéis venido?!* Inicialmente, José expresó su enojo más profundo. Ver a sus hermanos le hizo recordar la injusticia que cometieron contra él cuando lo echaron al pozo. Resonaban en su cabeza los gritos de súplica que sus hermanos no quisieron escuchar. Recordó la humillación de haber sido vendido como mercancía humana. Quizá José recordó también los años de servicio con Potifar, los años de prisión, los años sin ver a Jacob y a Benjamín, los años lejos de su casa, la actitud altiva de sus hermanos, su desprecio, y su odio.

En ese momento, José podría haber dado rienda suelta a su ira y haber mandado preparar diez sogas para ellos, como la horca que Faraón mandó construir para el jefe de los panaderos. Todo el pueblo de Egipto hubiera aplaudido la sentencia de José. *¡Cuelguen a estos traidores que fueron tan injustos con Zafnat-panea! ¡Cómo pudieron estos hombres ser tan malos con alguien tan bueno como Zafnat-panea! ¡Merecen la muerte!* Desde el primer momento José podría haber destruido a sus hermanos, pero en toda su majestad refrenó su ira. En ese instante, movido por un profundo deseo de retenerlos en Egipto, José los acusa de ser espías que han venido a ver por dónde atacar a Egipto.[140] Casi podemos palpar la tensión del momento. La cara de los hermanos de José se desencaja al oír la voz airada de Zafnat-panea, y sus ojos se abren con aún más asombro al escuchar lo que dice el intérprete. Se miran los unos a los otros perplejos. El volumen de la conversación sube. Un rumor de fondo llena la sala cuando los espectadores comentan lo que están oyendo. Los hermanos de José procuran aclarar que solo han venido para comprar pan. Que son gente honrada y trabajadora, y que todos son hijos de un mismo padre. Pero Zafnat-panea se muestra inflexible. Por más que los hermanos intentan defenderse él repite hasta tres veces: «Espías sois»; «No; para ver lo descubierto del país habéis venido»; «Eso es lo que os he dicho, afirmando que sois espías».[141] Finalmente José declaró que se quedaba con nueve de los hermanos, y que solo uno volvería a su tierra para traer a su hermano pequeño, y así poder ver que todo lo que le acaban de explicar era verdad.

¿Por qué hace todo esto José? ¿Está haciéndoles pagar por lo que le hicieron? ¿Se está vengando de sus hermanos? No. José sabe muy bien que el único Juez Justo es Dios, y desde el primer día José ha descansado en esa verdad. No se vengó del copero por haberlo olvidado. No se vengó de Potifar por haberlo encarcelado. No se vengó de la mujer de Potifar por haberlo calumniado. Ahora, José tampoco se va a vengar de sus hermanos por haberlo traicionado. Pero sí es cierto que José los retiene, los encarcela, los acusa, y sus acciones están creando en ellos un gran sentimiento de malestar. José está haciendo todo esto para que sientan el dolor de la separación y la injusticia. José puso a prueba a sus hermanos para ver si ellos eran conscientes de que merecían el castigo de Dios por el mal que habían cometido. En medio de todo esto, Dios está haciendo florecer en estos hombres una profunda convicción de pecado.

Como el copero y el panadero, los hermanos de José pasan tres días en la cárcel. Imagina lo que estos hombres conversaron durante esos tres días en prisión. *Qué duro es Zafnat-panea. Así de duros fuimos nosotros con José cuando suplicaba ayuda desde el pozo. Así como nos sentimos debió sentirse José cuando se lo llevaban los mercaderes. Así debió de sufrir cuando fuimos tan injustos con él.* Muchas veces los seres humanos no somos capaces de ver la necesidad ajena hasta que sufrimos nosotros la misma necesidad, y no vemos el propio pecado hasta que otros lo cometen contra nosotros. Dios puede permitir pruebas duras en nuestras vidas para hacernos sensibles a estas realidades y hacer despertar nuestra conciencia a una sincera confesión y un sincero arrepentimiento. En un solo versículo tenemos resumidos los pensamientos de los hermanos de José durante esos tres días:

«Y decían el uno al otro: Verdaderamente hemos pecado contra nuestro hermano, pues vimos la angustia de su alma cuando nos rogaba, y no le escuchamos; por eso ha venido sobre nosotros esta angustia». (Génesis 41:21)

De la misma forma que Dios preguntó a Caín: «¿Dónde está Abel tu hermano?... ¿Qué has hecho? La voz de la sangre de tu hermano clama a mí desde la tierra»; ahora Rubén pregunta a sus hermanos: «¿No os hablé yo y dije: no pequéis contra el joven, y no escuchasteis? He aquí también se nos demanda su sangre».[142] Los hijos de Jacob empezaron a cobrar conciencia de su condición ante Dios y del poder de Dios para juzgarlos. Ellos hablaron todas estas cosas entre sí en hebreo, pensando que Zafnat-panea no los entendía, pero José escuchó las palabras de Rubén y la emoción le embargó al ver que empezaban a entender su mal. José no puede contenerse. Se retiró a llorar fuera de su presencia. Así como el padre lloró al ver al hijo pródigo que estaba regresando a casa, ahora José llora al ver ante sus ojos el milagro del arrepentimiento. Dios está creando conciencia de pecado en ellos, y José se llena de asombro y de esperanza. Meditemos en ello, porque ¡no hay mayor milagro que este! No hay nada más prodigioso en la tierra que ver un corazón de piedra enternecerse y empezar a sentir las cosas de Dios.

Después de aquellos tres días, José ha cambiado de opinión. Quizá pensó que sería un disgusto demasiado grande para su padre si tomaba a nueve de sus hermanos y dejaba ir solo a uno, así que decide quedarse con uno y dejar regresar a nueve.[143] Todo parece tomar un buen rumbo. Los varones hebreos solo han de regresar a casa con alimento, y luego volver a Egipto con Benjamín para que Zafnat-panea vea que todo lo que decían era verdad. Pero los hermanos de José tendrían que pasar por una dificultad aún mayor. José tomó a Simeón como rehén, entregó a los demás sus sacos de grano, y mandó a sus siervos que pusieran en medio del grano las bolsas con el dinero de cada uno. Cuando los hermanos de José se detuvieron por el camino para acampar, uno de ellos descubrió el dinero entre el alimento y en ese instante todos exclamaron sobresaltados: «¿Qué es esto que Dios nos ha hecho?».[144] Esta no es una expresión de gozo sino de profunda desesperación. Después de esto, seguro que Zafnat-panea estará totalmente convencido de que en efecto eran auténticos maleantes que llegaron al país con malas intenciones. Seguro que los hermanos pensaron en ese momento algo como *¿Por qué Dios es tan duro con nosotros? ¿Por qué nos está haciendo pagar tan cara la traición contra José?* Al llegar a la casa de su padre Jacob le explicaron todo lo sucedido, pero aumentó el temor en sus corazones cuando descubrieron las bolsas de dinero en los sacos de todos y cada uno de ellos.[145] ¿Y ahora qué? ¿Cómo iban a regresar a Egipto por Simeón? ¿Cómo habían de llevar a Benjamín con ellos? ¿Cuál sería la ira de Zafnat-panea después de todo esto? Es tanta la desesperación del momento, que Rubén incluso le ofrece a Jacob la vida de sus propios hijos si no logra traer con bien a Simeón y Benjamín. Parece no haber solución. Jacob y sus hijos se sienten totalmente indefensos, débiles, derrotados, humillados y abatidos. No pueden presentarse delante de Zafnat-panea. No pueden calmar su ira contra ellos. No pueden cumplir con sus demandas sin perder a alguno de sus hermanos.

¿Puedes ver en la desesperación de los hermanos de José la misma desesperación del pecador ante Dios? ¿Cómo se van a presentar los hebreos ante el soberano de Egipto? ¿Cómo te vas a presentar tú ante el soberano del universo? Necesitas acudir a Él para recibir alimento espiritual; pero al mismo tiempo no puedes ir con todos tus delitos ante un Dios que es Santo y Justo. El Señor ha dicho que sin santidad nadie lo verá.[146] Quizá te preguntes cuán santo debes ser. ¿Basta con un poco de santidad? El Señor nos enseña que hemos de ser santos como Él es Santo.[147] ¿Y qué significa ser santo? ¿Cumplir algunas normas y mandamientos? El Señor declara: «No matarás… No cometerás adulterio… No hurtarás… No hablarás contra tu prójimo falso testimonio… No codiciarás».[148] Quizá tú pienses entonces que ya cumples con todo eso, porque no has matado a nadie, ni has cometido adulterio. Pero el Señor dice que cualquiera que le dice necio a su hermano es culpable de asesinato, y que cualquiera que mira a una mujer para codiciarla ya adulteró con ella en su corazón.[149] Tal vez pienses que has fallado tan solo una vez, y que Dios no tiene por qué verte como culpable por tan poco. Pero la Escritura proclama que «cualquiera que guardare toda la ley, pero ofendiere en un punto, se hace culpable de todos. Porque el que dijo: No cometerás adulterio, también ha dicho: No matarás. Ahora bien, si no cometes adulterio, pero matas, ya te has hecho transgresor de la ley».[150] Nuestra condición es desesperada. El Señor afirma que su ira viene sobre los hijos de desobediencia.[151] ¿Qué podremos hacer ante una santidad tan grande? ¿Qué va a ser de ti? ¿Qué va a ser de mí? Así como Zafnat-panea fue exigente con sus hermanos, la ley de Dios es exigente con el pecador. La ley te hace ver que eres pecador, que estás destituido de la gloria de Dios, y que por tus propios esfuerzos nada puedes hacer para huir de su justa ira. Nadie puede salvarse cumpliendo la ley porque nadie es perfecto como para cumplirla. ¿Para qué tenemos entonces la ley? El apóstol explica que «la ley ha sido nuestro ayo, para llevarnos a Cristo, a fin de que fuésemos justificados por la fe».[152] ¿Sientes pesar por tu propio pecado? ¿Sientes tu profunda incapacidad, tu pobreza, tu hambre? ¿Te mueve tu tristeza hacia Cristo? ¿No ves que Él convierte tu lamento en baile? No es por nada que el Señor empieza las Bienaventuranzas diciendo: «Bienaventurados los pobres en espíritu, porque de ellos es el reino de los cielos» y a continuación «Bienaventurados los que lloran, porque ellos recibirán consolación».[153]

Es aquí donde empieza el evangelio. Aquí, con estas «malas noticias», empiezan las «buenas noticias». Estás destituido de la gloria de Dios y nada puedes hacer por ti mismo para alcanzar Su gloria. Te has de sentir pobre, inmensamente pobre en espíritu, y falto de todo lo que Dios demanda: santidad, justicia y obediencia. Te has de sentir triste, inmensamente triste, al percibir el enorme abismo que te separa de Cristo. Pero esta pobreza de espíritu y esta profunda tristeza es el principio de la verdadera felicidad, pues te lleva a ser bienaventurado. No nos olvidemos de presentar las malas noticias primero. Mucho de lo que hoy se llama evangelismo no es más que marketing espiritualizado. Algunos parecen estar vendiendo un evangelio caramelizado donde Jesús está «llamando a la puerta para que le dejes entrar». Pero la verdad es que el camino al cielo empieza mirando al infierno. Nos es necesario reconocer que merecemos la justa ira de Dios y confesar nuestros pecados a un Dios Santo y Justo, para comprender que Jesucristo no murió en tu lugar por lo mucho que tú vales para Dios, sino por lo grande que era tu pecado contra Él.

Uno de los sermones más poderosos de Jonathan Edwards, predicado durante el Gran Despertar de Nueva Inglaterra en el siglo XVIII, no llevaba por título «Jesús tiene un maravilloso plan para tu vida», sino «Pecadores en manos de un Dios airado». La realidad del infierno y de la justa ira de Dios se hizo tan palpable durante ese sermón, que la gente no dejaba de clamar diciendo: «¿Qué debo hacer para salvarme?». Dios está enojado contra nosotros por nuestro pecado, y es la realidad de Su ira lo que nos mueve a suplicar Su misericordia. «Restáuranos, oh Dios de nuestra salvación, Y haz cesar tu ira de sobre nosotros».[154] Cuando el Señor Jesús regresó al Padre y nos dio la promesa del Espíritu Santo, declaró que el Consolador convencería al mundo «de pecado, de justicia y de juicio».[155] No podemos olvidar ni por un momento que nuestro Dios «es fuego consumidor».[156] No podemos olvidar que su ira devoró a Sodoma y a Gomorra por su pecado. No podemos olvidar que los ninivitas iban a ser también destruidos, pero el rey llamó a todos al arrepentimiento: «Clamen a Dios fuertemente; y conviértase cada uno de su mal camino, de la rapiña que hay en sus manos. ¿Quién sabe si se volverá y se arrepentirá Dios, y se apartará del ardor de su ira, y no pereceremos?». Dios tuvo misericordia de Nínive; pero destruyó a Sodoma.[157] ¿Eres tú como Sodoma, que perseveras en tu pecado y en tu arrogancia, o como Nínive, con un corazón arrepentido y suplicante? «El que cree en el Hijo tiene vida eterna; pero el que rehúsa creer en el Hijo no verá la vida, sino que la ira de Dios está sobre él».[158]

Los hermanos de José, en medio de su angustia, no podían huir de la ira del soberano de Egipto. Los hijos de Jacob jamás hubieran podido imaginar que la única forma de escapar de la ira de Zafnat-panea era descubrir que eran hermanos de Zafnat-panea. En Egipto les espera su hermano José, así como un gran banquete. No va a morir Simeón. No va a morir Benjamín. No va a morir Rubén. Hay un hijo de Jacob que ya ha sufrido el desprecio, la traición, la injusticia y la prisión. Ahora, gracias al sufrimiento de José, todos sus hermanos tendrán pan en abundancia y una tierra donde morar. Del mismo modo, tú has de saber que ese Dios justo y santo es también un Dios perdonador, y que nos espera un banquete celestial a los que amamos Su venida. Tus culpas y pecados son muchos, pero Su gracia es mayor. La única forma de evitar la ira de Jesucristo es descubrir que eres Su hermano. Si así es, ya no has de sufrir el infierno porque lo padeció Él por los suyos. En Su muerte, Su desprecio y Su sacrificio, tú y yo tenemos acceso al pan de vida y a una morada eterna. Ven a Cristo. Solo hay un lugar seguro en medio del incendio. Allí donde el fuego ya lo ha quemado todo, solo hay un lugar seguro de la santa ira de Dios. Allá donde ya cayó con toda su fuerza. En la cruz del Calvario. Ven a Cristo, y siéntate a Su mesa.

La gracia de Dios en tu vida

1. Israel está a punto de morir de hambre, y los hijos de Jacob no hacen nada. Jacob exclama: «Por qué os estáis mirando?». ¿Has estado alguna vez en esta situación? ¿En una gran necesidad, pero sin saber qué hacer?

2. Los hermanos de José necesitan ir a Egipto por comida, pero al mismo tiempo les resulta muy difícil hacerlo, ¿por qué?

3. ¿Crees que pasa lo mismo con muchas personas que han de ir a Jesús, pero no pueden hacerlo? ¿Por qué?

4. Y tú, ¿has ido a Jesús por alimento para tu alma?

5. Cuando sus hermanos llegaron a Egipto, José se mostró duro con ellos. ¿Por qué? ¿Qué deseaba que vieran?

6. ¿Hubiera sido justo que la ira de Zafnat-panea cayera sobre los hijos de Jacob? ¿Por qué? ¿Qué castigo merecían?

7. ¿Sería justo si Dios hiciera caer su ira sobre nosotros? ¿De qué manera el hombre ha ofendido a Dios? Lee Romanos 1:18-32. ¿De cuál de estas maneras has ofendido tú a Dios?

8. «Evangelio» significa «buenas noticias». Pero antes de escuchar las «buenas noticias» necesitamos saber las «malas noticias» que hacen que el evangelio sea tan bueno. ¿Cuáles son las «malas noticias»?

9. Pareciera que los hijos de Jacob la pasarán muy mal; pero en realidad les esperan grandes bendiciones. Ya hubo uno que la pasó muy mal y abrió el camino, José. ¿Cómo se aplica esa verdad a tu vida y a la obra de Jesucristo?

9

EL GRAN BANQUETE

Génesis 43

Las siete vacas flacas en verdad eran flacas y feas. La sequía parece no tener fin y a los hermanos de José se les acabó el trigo que llevaron a Canaán. El texto hebreo dice literalmente que «el hambre era *pesada* en la tierra», y por ello Jacob ordena a sus hijos que vayan de nuevo a Egipto a comprar más alimento. ¿Pero cómo podrán volver después de todo lo sucedido? ¿Cómo liberarán a Simeón? ¿Cómo podrán mantenerse en pie frente al gran Zafnat-panea? ¿Cómo, si además de acusarles de ser espías ahora también les puede acusar de ser unos ladrones? ¿Cómo podrán sobrevivir si no van a Egipto, y cómo podrán sobrevivir si van a Egipto? ¿Cómo podrán regresar si Jacob no permite que se lleven a Benjamín? Nuestra historia nos presenta un auténtico debate entre Jacob y su hijo Judá con respecto a qué hacer con Benjamín. Qué paradojas tiene nuestra historia. En Génesis 37, Judá vio en José un problema, y la solución que propuso fue regatear con los mercaderes para venderlo y que se lo llevaran a Egipto. Ahora en Génesis 43, de nuevo Judá ve en el otro hijo amado de Jacob la solución, y regatea con Jacob para que le permita llevarse a Benjamín a Egipto. Judá primero desprecia al hijo amado, y ahora suplica la compañía del otro hijo amado. Pero Jacob ama a Benjamín con todo su corazón, y después de haber perdido a José no está dispuesto a arriesgar al único hijo que le queda de su amada Raquel. No arriesgará su vida. Si algo le sucediera a Benjamín, Jacob moriría de tristeza.

Pero Judá recuerda claramente que Zafnat-panea había puesto una condición para poder regresar a Egipto: «No veréis mi rostro si no traéis a vuestro hermano con vosotros». Judá sabe que no tienen nada sin Benjamín. Si no lo llevan con ellos, regresarán de Egipto sin comida y sin Simeón, si es que no los meten antes en la cárcel o los ahorcan por espionaje y robo. Judá insiste de forma vehemente ante su padre, *¡Déjanos llevar a Benjamín!* Sin Benjamín no hay comida. Sin Benjamín no hay rescate de Simeón. Sin Benjamín no hay futuro. Sin Benjamín es imposible entrar en la presencia del gran Zafnat-panea y su ira seguirá encendida por siempre en contra de ellos. *¿No lo ves padre? ¿No ves que sin Benjamín no hay esperanza alguna?* Judá está suplicando a su padre, *¡Danos a Benjamín o perecemos!* Jacob se resiste a la idea de entregar a su hijo amado, pero no parece haber otra alternativa. Qué angustia tan grande debió de sentir Jacob en su alma cuando finalmente pronunció estas palabras:

«Tomad también a vuestro hermano, y levantaos, y volved a aquel varón. Y el Dios Omnipotente os dé misericordia delante de aquel varón, y os suelte al otro vuestro hermano, y a este Benjamín. Y si he de ser privado de mis hijos, séalo». (Génesis 43:13,14)

¡Cuánta tristeza y cuánta fe vemos en Jacob! No es resignación, sino fe, una fe auténtica que se manifiesta de una forma muy especial cuando Dios no responde afirmativamente a lo que le pedimos. En la adversidad, la fe brilla como un diamante sobre un terciopelo negro. Cuando la luz nos rodea, es más fácil ver. Pero en medio de la oscuridad es cuando la fe es más pura. Cuando no veo. Cuando no tengo. Cuando no entiendo. Cuando no comprendo. Entonces la confianza en Dios luce como el sol al mediodía. Los amigos de Daniel demostraron esta fe cuando antes de ser lanzados en el horno de fuego, dijeron: «He aquí nuestro Dios a quien servimos puede librarnos del horno de fuego ardiendo; y de tu mano, oh rey, nos librará. Y si no, sepas, oh rey, que no serviremos a tus dioses…».[159] El propio Señor Jesucristo, cuando oraba en agonía en Getsemaní, expresó: «Padre mío, si es posible, pase de mí esta copa; pero no sea como yo quiero, sino como tú».[160] Ahora Jacob, en su angustia, se encomienda a la voluntad y misericordia de Dios. Qué grande la fe de Jacob, y que grande el gozo de Judá cuando su padre le concede su petición: «Sí, llevaos a Benjamín». Ahora hay esperanza. Ahora hay futuro. Ahora hay vida. Ahora hay salvación para el pueblo de Israel.

Lo mismo se aplica a nuestras vidas. ¿Ves el evangelio en esta historia? Como los hijos de Jacob, nosotros estábamos desesperados, muertos en nuestros delitos y pecados, sin esperanza y sin Dios en el mundo. Estábamos sin alimento espiritual, y destituidos de la gloria de Dios. Así como ellos no podían entrar en la presencia de Zafnat-panea sin Benjamín, nosotros no podemos entrar en la presencia de Dios sin Jesucristo. Cristo es nuestro «Benjamín». ¿Cómo podrás presentarte ante el trono del gran Juez si Jesucristo no te acompaña? Si intentas hacerlo tú solo, te encontrarás con Su ira y Su rechazo, porque Dios es tres veces Santo y sin santidad nadie puede ver a Dios. Su justicia es muy grande, Su santidad es inmensa, Su ira por nuestro pecado está encendida. Dios no puede mirarnos, o caeríamos muertos si lo hiciera. No puede ver nuestras transgresiones. No puede contemplar nuestro pecado, nuestra traición, nuestra rebeldía. No podemos entrar en Su presencia. Pero si vienes a Dios el Padre con Cristo, si Cristo viene contigo, entonces Dios fijará sus ojos en Su Hijo Amado y podrás entrar en el palacio celestial. Serás aceptado, y por la santidad y la justicia de Su perfecto Hijo tú también tendrás acceso a la Santa Ciudad. Ya has salido de Canaán. Caminas hacia Egipto en busca de sustento. La gran pregunta es: ¿está Benjamín contigo? Tú y yo caminamos hacia la ciudad celestial. Un día estaremos en la presencia de Dios. ¿Te acompaña Jesús el Cristo? Sin Jesús no tienes nada. Con Jesús lo tienes todo.

¡Admira también en estos versos la inmensa renuncia del Padre! Así como Jacob amaba a Benjamín, Dios el Padre ama a Su Hijo profundamente. Jacob sabía que entregar a Benjamín era el único camino de salvación. Dios el Padre sabía que entregar a Su Hijo, Cristo Jesús, era el único remedio para nosotros. ¡Escucha el clamor desesperado de Judá! «¡Danos a Benjamín!» ¿Has clamado tú así al Padre por su Hijo amado? *Padre, dame a Jesús. Entrégamelo. ¿Cómo voy a salvarme sin Él? ¿Qué va a ser de mí? Sin Él no tengo esperanza ni salvación. Pero con Él tengo acceso a la presencia de Dios y a la vida eterna. Padre, dame a Jesús para que Él venga conmigo y yo viva.* Jesús es nuestro «Benjamín». Jacob llamó así a su hijo cuando nació, «Benjamín», que significa «Hijo de mi mano derecha».[161] Del mismo modo el Padre celestial dijo a Su Hijo amado: «Siéntate a mi diestra».[162] Jesús es el «Benjamín» de Dios, Aquel que está sentado «a la diestra del trono de Dios».[163] Cuán precioso es el Hijo para Su Padre. Cuánta generosidad y cuánto dolor hubo en esa entrega, cuando el Padre en Su morada eterna nos dio a Su Hijo amado para que viniera a esta tierra.

Benjamín es lo único que Zafnat-panea les ha pedido que traigan a su palacio. Sin embargo, preparan su viaje cargando sus asnos con todo tipo de regalos. Ellos mismos parecen ahora los mercaderes a los cuales vendieron a José, cargados de mercancías y caminando hacia Egipto con un futuro incierto. Sus hermanos llevan ofrendas para agradar a José tal y como su padre Jacob les instruyó:

> «... tomad de lo mejor de la tierra en vuestros sacos, y llevad a aquel varón un presente, un poco de bálsamo, un poco de miel, aromas y mirra, nueces y almendras. Y tomad en vuestras manos doble cantidad de dinero, y llevad en vuestra mano el dinero vuelto en las bocas de vuestros costales; quizá fue equivocación. Tomad también a vuestro hermano, y levantaos, y volved a aquel varón». (Génesis 43:11-13)

¿De verdad? ¿Pretenden calmar la ira de Zafnat-panea con un puñado de almendras? Es como intentar calmar a un león rugiente con un caramelo de fresa. Seguro que las almendras de Canaán estaban sabrosas, y la miel debía ser muy dulce, pero estaban viajando hacia Egipto, donde había alimento en abundancia. ¿Por qué llevan entonces esos presentes? En su desesperación, los hermanos de José llevan consigo lo mejor de sus delgadas despensas para agradar al príncipe de Egipto. Pero José solo les ha pedido una cosa, solo espera una cosa, y solo quiere ver una cosa: a Benjamín. Tal es la desesperación que siente también el pecador cuando sabe que se acerca el día de su audiencia ante Dios. Entiende su triste condición, y comprende que no hay más salida que acudir a Dios para pedir clemencia. Pero sea como sea, el pecador busca en la flaca despensa de su corazón lo mejor que encuentra para calmar con sus pobres recursos la ira de Dios enojado. Todos nosotros caemos fácilmente en este mismo error. Así como los hermanos de José trajeron dinero, aromas, almendras y miel, nosotros pretendemos traerle a Dios nuestros pequeños tesoros para agradarle. Quisiéramos pagarle a Dios lo que le debemos. Desearíamos restituir nuestras ofensas con nuestros propios sacrificios. Traemos ante un Dios que es inmensamente rico un puñado de buenas obras, una docena de nobles intenciones, y medio kilo de sinceras promesas.

Los regalos de los hijos de Jacob eran bonitos, pero la entrada en la presencia de José no fue gracias a ellos. El gobernador no probó la miel para ver si les permitía entrar en su palacio. José buscó el rostro de Benjamín con su mirada… *¿Benjamín?…* y cuando lo halló, su corazón saltó de alegría. Del mismo modo, tú y yo pretendemos acercarnos a Dios con nuestras ofrendas, nuestros sacrificios, nuestros esfuerzos. Queremos agradar a Dios con lo poco que tenemos en la diminuta despensa de nuestro corazón, y sin embargo solo hay una cosa que Dios busca ver en ti: a Su Hijo Jesucristo. ¡Dios quiere ver en tu vida al Señor Jesús! Cuando te presentes delante de Su trono, Dios no probará la miel de tus méritos humanos. Solo buscará con sus ojos a Su Hijo Amado. ¿Está Cristo en tu corazón? No hay nada más que pueda complacer a Dios. Nada más que pueda calmar su ira ni hacer brillar Su rostro. Solo el Hijo Amado.

Así como José pidió a sus hermanos que vinieran con Benjamín porque deseaba verle, Dios el Padre nos pide a nosotros que vengamos con Cristo porque desea verle. Y con esto no pretendo decir que no debamos hacer sacrificios por amor al Señor. Dios se goza cuando ve en sus hijos un espíritu de entrega y abnegación. Dios se goza con tu servicio a Él, siempre y cuando te acerques a Él con Cristo. José no recibió a sus hermanos porque venían con once tarros de miel; aceptó la miel porque venía con Benjamín. Cuando se acercaban vio José a Benjamín con ellos, y dio orden a su mayordomo para que preparara un banquete en su casa.[164] Con Benjamín hay celebración. Así será también en tu vida cuando Dios te llame a Su presencia y te acerques al trono de Su Majestad. Dios te verá llegar, y no mirará si te acercas a Él cargado con presentes. Dios verá si andas solo o si andas acompañado. Si vas tú solo te enfrentarás a la justa ira de Dios. Pero si llegas acompañado por Jesucristo, Su «Benjamín», el Padre lo verá a Él y de inmediato dará orden a sus ángeles. *Viene con el Hijo de mi mano derecha. Preparad el banquete celestial. Que haya fiesta. Abrid las puertas de mi casa y llenad las copas de vino porque hoy es día de mucho gozo.*

Estos hombres no imaginaban lo que estaba por suceder. En sus mejores sueños, Zafnat-panea los escucharía pacientemente, comprendería el malentendido que hubo con el dinero y aceptaría sus humildes disculpas; luego les vendería otros sacos de grano, saludaría a Benjamín, y tras comprobar que decían la verdad, liberaría a Simeón. Pero los hijos de Jacob jamás hubieran pensado que el gobernador de Egipto les iba a recibir en su casa para celebrar con ellos un banquete. Las visitas oficiales se realizaban en el palacio. A casa, solo iban los amigos. Es tan sorprendente lo que José está a punto de hacer, que sus hermanos temen que todo pueda ser una emboscada. Temen ser apresados y hechos esclavos en Egipto. Temen perder sus asnos, su medio de transporte para volver a Canaán. Como un último recurso para encaminar las cosas, los hermanos de José intentan darle explicaciones al mayordomo antes de llegar a la casa, pero el mayordomo no acepta su dinero. Solo les responde: «Paz a vosotros», *Shalom aleihem*, y repite que pueden estar tranquilos porque él ha recibido el dinero del trigo. Si ellos también lo tienen en sus manos, será que su Dios hizo un milagro.[165]

Cuando el mayordomo de Zafnat-panea liberó a Simeón, el gozo y la emoción los embargó. Hasta entonces solo habían gustado la amarga ira de Zafnat-panea, pero ahora estaban empezando a paladear la dulce gracia del gobernador. Los siervos de José lavaron sus pies y prepararon la sala para celebrar un espléndido banquete. Mientras tanto, los hermanos prepararon sus presentes para el gobernador de Egipto; los tarros de miel, las bolsas de almendras, las especias aromáticas, la mirra y el incienso. Es poca cosa. Ya no les quedaba mucho en Canaán, pero están listos para entregar sus regalos a José, como si fueran una versión pobre de los magos de Oriente que han venido a ver al niño Jesús. Entonces José llegó a la casa. Se oyeron las grandes puertas abriéndose a su paso y el trajín de sus siervos detrás de él. José entró en la cámara y sus hermanos presurosos le acercaron los obsequios en medio de grandes reverencias. Pero José preguntó por su padre: «¿Vive todavía?». Y oyendo que está vivo, su mirada inquieta empezó a buscar entre todos a Benjamín. No ha de ser difícil encontrar el rostro de su propio hermano. Parecido a Jacob. Parecido a Raquel. Parecido a él mismo. Los ojos de Zafnat-panea se detuvieron sobre los ojos de Benjamín, y una emoción sobrecogedora se apoderó de él. Solo es capaz de pronunciar una breve bendición: «Dios tenga misericordia de ti, hijo mío», y José salió de la sala de prisa para llorar en sus aposentos a escondidas. Después de lavarse la cara, para disimular el llanto, José regresó al comedor para iniciar el banquete.[166]

Para sorpresa de sus hermanos, Zafnat-panea no los trató con aspereza. Todos sus temores se desvanecieron como la niebla. El soberano de Egipto tan solo entró en la sala y dijo a sus siervos: «Poned pan».

¡Pan! ¡Qué lujo! Hacía mucho tiempo que los hebreos sobrevivían a base de frutos secos. Pan de harina recién horneado. Los siervos de José llenaron la mesa de manjares y vino en abundancia. Según la cultura de Egipto se sentaban en mesas separadas. Una para los egipcios y otra para los hebreos. Los siervos de José hicieron sentar a sus hermanos por orden de nacimiento, lo que los dejó maravillados. ¿Coincidencia? ¿Magia? ¿Cómo podían saber los criados el orden en que nacieron? Estaban asombrados. Una vez en la mesa, la costumbre no era tener un bufé libre, como los griegos o los romanos que comían hasta no poder más, sino comer una porción. Los criados sirven a cada uno su plato; pero la comida que ponen frente a Benjamín es cinco veces mayor que la de sus hermanos. Siendo el más pequeño de los hijos de Jacob, es tratado con los honores de un primogénito.[167]

Qué hermosa representación del evangelio. Tenemos ante nosotros escenificado lo que el Señor Jesús hace con los suyos. Así ha de suceder contigo si tienes a Cristo en tu vida. En el día final quedarás atónito ante tanta gracia. Tú sabes que eres pecador y que no mereces el favor de Dios, y sin embargo entrarás en Su casa, los ángeles lavarán tus pies y te darán un lugar en la mesa del convite celestial. Tú, que en otro tiempo no querías escuchar la voz de Dios, que rechazabas la verdad, que vivías según tu propio capricho, verás hasta qué punto fuiste reconciliado con Dios por la muerte de Su Hijo.[168] En un instante estos hombres pasaron de ser enemigos de Zafnat-panea a ser sus amigos sentados a su mesa. Pasaron de ser rechazados a ser recibidos, de estar temerosos a estar gozosos. ¿Por qué? Porque Benjamín estaba con ellos. Tú y yo también dejamos de ser enemigos de Dios para ser hijos adoptados a su familia, tan solo en un instante, porque Jesucristo está con nosotros. Antes todo era tristeza, hambre, sed, temor; pero ahora todo es fiesta, gozo, música, honor. Por ello canta el salmista,

«Has cambiado mi lamento en baile; Desataste mi cilicio, y me ceñiste de alegría».[169] De igual manera, en la Jerusalén celestial «enjugará Dios toda lágrima de los ojos de ellos; y ya no habrá muerte, ni habrá más llanto, ni clamor, ni dolor; porque las primeras cosas pasaron».[170]

Esto es lo que nos espera a los que hemos confiado en Cristo, a los que caminamos con Él hacia la Ciudad Eterna. Una morada en casa del Padre. Un lugar en el banquete celestial. Fiesta, gozo, risa y compañía. Así como los hijos de Jacob celebraron un banquete todos juntos, nosotros disfrutaremos de la compañía de nuestros hermanos de todos los siglos. Qué gran celebración familiar. Pero, ante todo, observemos que el pasaje concluye diciendo: «Y bebieron, y se alegraron con él».[171] En aquel día glorioso estaremos con nuestros hermanos, pero por encima de todo, nos gozaremos en el banquete eterno porque estará el Señor con nosotros y nosotros con el Señor. Cristo nos prometió que no bebería más del fruto de la vid hasta aquel día en que lo bebiera de nuevo con nosotros en el reino de Dios.[172] Así como los hermanos de José estuvieron con él, nosotros en aquel día estaremos con Él. ¡Qué hermoso reencuentro nos espera!

José dio la orden y sus siervos cocieron pan y sirvieron vino. Cada vez que participamos del pan y la copa recordamos que un día nosotros también acabaremos nuestro largo peregrinaje terrenal cenando con Cristo, cuando nos reciba en Su hogar. El pan y la copa miran hacia el banquete celestial que tenemos delante; pero también miran hacia atrás y su muerte en nuestro lugar. Los hermanos de José no pagaron por el banquete. No pagaron los alimentos. No pagaron por sus delitos. Ellos tenían temor. No sabían si al llegar a la casa de José sus siervos les iban a hacer pagar por sus culpas. No murió ninguno de los hijos de Jacob; pero para que ellos pudieran estar de celebración se tuvo que derramar sangre inocente. José dio la orden a su mayordomo: «Lleva a casa a estos hombres, y degüella una res».[173] Celebraron un gran banquete en la casa del gobernador, y un animal sin culpa fue sacrificado. También el hijo pródigo llegó a la casa del padre, y un becerro vertió su sangre para que pudiera haber una gran fiesta de bienvenida.[174]

¿Y acaso no es así como sucede con nosotros? El banquete celestial ha sido preparado. Los invitados se van a sentar a la mesa. Hemos sido invitados a un espléndido convite, pero el precio ya ha sido pagado. La sangre de un inocente ha sido derramada. La orden fue dada mucho antes de que llegásemos. La sangre del Cordero de Dios fue vertida para que el gran banquete celestial pudiera tener lugar, y es por Su obra y sus méritos que estaremos allá sentados. En aquella última cena el Señor estuvo con sus discípulos. También fueron doce hebreos los sentados a la mesa. También Jesús lavó los pies de los suyos. El pan representaba Su cuerpo partido en nuestro favor. La copa, Su sangre vertida por nosotros. El cordero pascual era el Hijo eterno de Dios que nos daba acceso a la casa del Padre y un banquete inmerecido. Cuánta gracia tiene el Señor para con nosotros. Años atrás, los hermanos de José habían cenado junto al pozo en el que habían echado a José. Qué cena más despiadada. José clamaba por misericordia, y no le mostraron clemencia. Ahora son ellos los que claman, son ellos los necesitados, y José los recibe con amor y los sienta a su mesa para colmarlos de favores. Años atrás, eras tú quien despreciaba el nombre de Cristo y tenías en poco el evangelio. No tuviste piedad del Hijo de Dios; pero Él no te pagó con la misma moneda. Sin duda Su gracia es mayor que tu maldad. Y ahora sabes que pronto, muy pronto, Él te recibirá en Su casa. En aquel día, Cristo preparará mesa delante de nosotros y nuestra copa estará rebosando. Cuando Él estuvo aquí, nosotros le dimos vinagre y en la cruz le dimos muerte. Cuando nosotros estemos allá, Él nos sentará a Su mesa en un gran banquete.

La gracia de Dios en tu vida

1. ¿Cuál era la única condición que Zafnat-panea puso para que los hebreos pudieran volver a Egipto?

2. ¿Cuál es la única condición que Dios te ha puesto para que puedas entrar en Su presencia?

3. Explica por qué fue doloroso para Jacob dejar que Benjamín se fuera. ¿Cómo nos habla su tristeza del dolor de nuestro Padre celestial?

4. ¿Qué regalos llevaron los hijos de Jacob para el gobernador de Egipto? ¿Qué regalos pretendemos llevarle nosotros a Dios?

5. En vez de castigarlos y apresarlos, ¿qué hizo Zafnat-panea con los hebreos?

6. ¿De qué modo el trato que recibieron se asemeja a lo que Dios hace con nosotros? ¿Ves en estos versos un anuncio del cielo?

7. Un banquete siempre es un final feliz. Después de tanto temor, nadie tuvo que morir. ¿O sí? ¿Se tuvo de derramar sangre para celebrar esa fiesta? ¿De quién?

8. ¿Hizo falta sangre para que tú pudieras estar en el banquete celestial? ¿De quién?

9. Expresa tus pensamientos con respecto al banquete celestial.

10

LA COPA DE JOSÉ

Génesis 44

Después del banquete y de una noche plácida, los hijos de Jacob subieron a sus asnos para regresar a Canaán. Están contentos de volver a casa. Todo lo que les infundía temor cuando pensaban en viajar a Egipto no había sucedido. Finalmente pudieron comprar alimentos, Zafnat-panea no estuvo enojado con ellos, recuperaron a Simeón, y no perdieron a Benjamín. Todo parecía un sueño. Además, ahora tenían la amistad del gobernador de Egipto, que la noche anterior había celebrado un banquete para ellos en su casa, y en el futuro podrían regresar si necesitaban más alimentos. ¿Qué más se podía pedir? Estaban regresando a casa de su padre con los costales llenos de trigo y las almas llenas de gozo.

Pero el sueño estaba a punto de tornarse en su peor pesadilla. La noche anterior, mientras el mayordomo preparaba los sacos, José le había dado la orden de llenarlos con grano, poner el dinero de cada uno en medio del grano, y además poner la copa de plata de José en la boca del costal de Benjamín. El mayordomo cumplió sus órdenes.

119

Al levantarse por la mañana los hijos de Jacob no sabían lo que lleva-ban entre el grano. José persistió en su extraño *juego* de hacer sentir culpables a sus hermanos para quebrantarlos y despertar en ellos los sentimientos que habían sido silenciados durante veintidós años. José estaba conduciendo a sus hermanos hacia algo muy sano que todos debiéramos experimentar más a menudo: el arrepentimiento. Da gracias a Dios cuando veas que hace contigo lo que José hizo con sus hermanos. Dios puede usar muchos medios para quebrantarte, porque muchas veces somos incapaces de ver nuestro propio pecado. El corazón es engañoso y tiende a justificar nuestras acciones. La conciencia, después de ser ignorada una y otra vez, se aletarga hasta el punto de quedarse muda. A veces somos tan obstinados y orgu-llosos que Dios ha de usar situaciones extremas para que cobremos conciencia de nuestra propia maldad. En vez de humillarnos ante el Señor, preferimos tantas veces luchar con Dios como Jacob luchó con el Ángel en la noche, sin darnos cuenta de que no somos ben-decidos hasta que somos vencidos. El hijo pródigo tuvo que verse hambriento en una pocilga y en una deplorable condición antes de pensar en regresar con su padre. Pero gracias a Dios, el hijo pródigo volvió en sí. ¿Tiene Dios que llevarte hasta ese punto para que te arrepientas? ¿Has de rebozarte en el lodo para poder ver tu miseria? ¡Arrepiéntete antes! ¡Confiesa tus culpas pronto! ¡Porque el Señor no dudará en usar herramientas cada vez más rudas para llevarte a la confesión de tus culpas!

Poco después de salir de la ciudad, José ordenó a su mayordomo que fuera tras ellos y les dijera: «¿Por qué habéis vuelto mal por bien? ¿Por qué habéis robado mi copa de plata? ¿No es esta en la que bebe mi señor, y por la que suele adivinar? Habéis hecho mal en lo que hicisteis».[175] Es lógico pensar que Zafnat-panea se diera cuenta de inmediato que le faltaba su copa de plata. Si le hubieran robado un anillo, un candelabro o una túnica podrían haber pasado días antes de percatarse de ello. Pero la copa era un objeto muy personal y de uso cotidiano. Tal como dijo su mayordomo, con esa copa «bebe mi señor» y por ella «suele adivinar». La copa no solo se usaba para desayunar, comer o cenar, sino que además era un instrumento de adivinación. Una herramienta de trabajo para un gobernante como Zafnat-panea. Pero ¿usaba José de verdad la copa para adivinar? ¡Por supuesto que no! La *lecanomancia* es el acto de vislumbrar a través de una copa, y en aquella época era usada en Mesopotamia, y también era común en Egipto durante la época de José. No sabemos exactamente cómo se usaba la copa para esos augurios, pero pudiera ser leyendo las formas que tomaban unas gotas de aceite sobre el agua. Pero esas artes mágicas pertenecían al mundo de lo oculto, y nosotros sabemos que la sabiduría de José venía de parte de Dios.[176] José no hacía magia con su copa. Seguía actuando delante de sus hermanos. Debemos recordar que José aún no ha revelado su verdadera identidad, por lo que hablaba frente a ellos como Zafnat-panea, el gobernador de Egipto. Era costumbre en los líderes políticos de entonces consultar a los dioses a través de la copa, y por eso el siervo de José dijo esas palabras. Después de haber estado en casa del gobernador de Egipto, y de haber recibido su hospitalidad, el robo de su copa constituía un verdadero atentado político. ¿Cómo podían pagar así tanta bondad y generosidad hacia ellos?

Ante esa acusación, los hermanos de José se asustaron mucho y procuraban defenderse. *¿Robar nosotros? Nunca tal hagan tus siervos.* Se describen a sí mismos como gente honrada. De hecho, en la confusión anterior sobre el dinero que habían encontrado en los costales, estos hombres habían regresado a Egipto para devolverlo. ¿No es eso una señal evidente de su honradez? ¿Cómo les pueden acusar de ladrones? Están indignados con la acusación, aunque saben muy bien que no son tan buenos como dicen ser. El mayordomo de José los acusó de haber robado una copa, pero es su propio corazón quien los acusa de haber vendido a su propio hermano.

No hay nada que nos duela tanto como ser acusados de algo. El ser humano es tan orgulloso que es capaz de remover cielo y tierra con tal de demostrar su sacrosanta inocencia, ya sea cierta o no. La culpa es muy incómoda. No sabemos qué hacer con ella, porque sabemos que requiere expiación. Desde el Edén buscamos la manera de alejarla de nosotros. Si somos acusados de algo, si alguien señala nuestras faltas, nuestra inercia es ofendernos profundamente y acusar al delator de falso, exagerado, orgulloso, entrometido, chismoso, o de cualquier otro epíteto que lo pueda desacreditar. Si alguien duda de nuestra palabra, si alguien no tiene buen concepto de nosotros, ¡eso es lo más terrible que le pueda pasar al mundo! ¡Es apocalíptico! *¡El sol va a dejar de brillar! ¡Se va a acabar la vida sobre la faz de la tierra, porque yo he sido acusado de algo!* —pensamos. Pero, querido lector. Reflexiona por un momento. Si alguien te acusa de orgullo ¿acaso no es verdad? Si alguien te critica por tu egoísmo ¿acaso no es verdad? O si alguien dice que eres un mentiroso ¿acaso no es verdad? ¿No sería mejor escuchar la crítica y la exhortación con humildad, haciendo un verdadero ejercicio de autoexamen? ¿Acaso no somos mucho peor de lo que dicen que somos? ¿Por qué te apresuras a justificarte para demostrar al mundo tu inocencia? Mejor te sería recordar que tu corazón es engañoso más que todas las cosas, así que no dudes tanto de lo que se te dice; duda más bien de lo que tú te dices.[177] No hagas como los hermanos de José, que «se dieron prisa» a defenderse vaciando los costales para mostrar que solo llevaban grano. ¡No corras tanto! ¡Tus esfuerzos por defenderte no son una gran demostración de tu inocencia, sino de cuán grande es tu orgullo!

«Escucha el consejo, y recibe la corrección, Para que seas sabio en tu vejez».[178] No te apresures, porque si escarbas en tu corazón como los hermanos de José escarbaron entre el grano, puede que para tu sorpresa encuentres la misma copa por la cual se te ha acusado.

En esos momentos debiéramos buscar si en efecto llevamos una viga en el ojo, pero solemos reaccionar con la misma temeridad que los hermanos de José: «Aquel de tus siervos en quien fuere hallada la copa, que muera, y aún nosotros seremos siervos de mi señor». Los hermanos están tan seguros de su inocencia que se atreven a ofrecer su propia vida: Si uno de nosotros ha hecho esto, ¡que muera! Y además el resto seremos vuestros esclavos. Qué afirmación tan necia. El mayordomo de José se mostró más benévolo con ellos que ellos mismos, y declaró que solo se quedaría con el culpable. Ansiosos por demostrar su inocencia «se dieron prisa» y, empezando por el mayor, fueron abriendo los sacos de cada uno para mostrar que la copa no estaba entre ellos. Rubén, Simeón, Leví, Judá… a medida que avanzaban se iban sintiendo más confiados… Dan, Neftalí… sus rostros empezaban a esbozar una sonrisa… Gad, Aser, Isacar, Zabulón… hasta que solo quedaba un saco por abrir, el saco del joven Benjamín. Si alguien en el mundo era incapaz de robar algo, era el buen Benjamín. En sus mentes ya se estaban despidiendo de nuevo del mayordomo de José, cuando al abrir el saco de Benjamín la copa de plata cayó rodando al suelo. Se oyó un silencio sobrecogedor. ¡La copa de Zafnat-panea estaba en el saco de Benjamín! Los hermanos se quedaron helados, y en seguida lloraron y rasgaron sus vestiduras en señal de profunda tristeza. Abatidos volvieron a cargar sus asnos para dar media vuelta de regreso a la casa del gobernador. Cuánta vergüenza y desesperación debieron sentir los hijos de Jacob. Al llegar a la casa de José, Judá tomó la palabra en nombre de todos: «¿Qué diremos a mi señor? ¿Qué hablaremos, o con qué nos justificaremos?».[179] No saben qué más decir. En un largo discurso Judá resumió lo acontecido, buscando el favor de José, pero las evidencias de su culpabilidad son clamorosas. No hay más que decir. Así de mudos quedarán también los pecadores en el Día del Juicio Final. En aquel día la culpabilidad de cada uno será tan evidente que solo podrán declarar como hizo Judá: «Qué diremos a mi Señor? ¿Con qué nos justificaremos?». Cuando los libros de nuestras obras sean traídos por los santos ángeles en el Día del Juicio Final, los pecadores de todos los tiempos no tendrán palabras para defenderse.

En esa triste situación Juda añade: «Dios ha hallado la maldad de tus siervos». ¿Pero acaso no eran inocentes? Si no habían robado la copa, ¿por qué dice Judá que son culpables? Porque después de tantos años, la justicia de Dios finalmente los ha alcanzado. Después de ocultar la traición hacia José, Dios los estaba castigando por sus pecados. El juicio de Dios es ineludible. Tan solo pueden guardar silencio y reconocer sus culpas. Esta es la actitud de corazón que José estaba buscando en sus hermanos. Algunos comentaristas bíblicos creen que este es el momento real de la conversión de los hermanos de José, cuando reconocen sinceramente sus pecados ante Dios y aceptan como justo el castigo que ha de venir sobre ellos. Siglos después, dos malhechores se hallaban junto a la cruz de Cristo. Uno murió en sus pecados. El otro fue perdonado reconociendo sus culpas antes de morir: «Nosotros, a la verdad, justamente padecemos, porque recibimos lo que merecieron nuestros hechos; mas éste ningún mal hizo».[180] Qué paradoja. ¡El primer paso hacia el infierno es pensar que mereces el cielo, y el primer paso al cielo es reconocer que mereces el infierno!

Se observa un cambio asombroso en el corazón de Judá. El que argumentó lo conveniente que era vender a José por unas monedas, ahora se ofrece a sí mismo como precio por su hermano Benjamín:

«...te ruego, por tanto, que quede ahora tu siervo en lugar del joven por siervo de mi señor, y que el joven vaya con sus hermanos».[181] Años atrás, cuando José clamaba para que tuvieran piedad de él, Judá no tuvo reparos en venderle como esclavo. Ahora que Benjamín es acusado, Judá ofrece su propia vida por la de su hermano. Pero Zafnat-panea ya ha dictado sentencia. Nadie puede sustituir a Benjamín. La copa de plata fue hallada en su saco, y es él quien debe pagar por ello. Los demás quedarán libres del todo, y Benjamín pagará las consecuencias quedándose en casa de José como siervo. ¡Pero cómo iban a regresar a casa sin Benjamín! Le habían prometido a su padre que regresarían con él. Además, si alguien era inocente de todo esto, ese era Benjamín, quien era casi un bebé cuando ellos maltrataron y vendieron a José. Benjamín fue el único que no estaba allí cuando José fue privado de su túnica de colores, cuando fue echado en el pozo, cuando fue vendido como esclavo por unas monedas, cuando mancharon su túnica con sangre, cuando mintieron a su padre diciéndole que José había muerto. Todo lo que les estaba sucediendo era un juicio de Dios por causa de su pecado. Pero Benjamín no podía pagar por ello. ¿Por qué Benjamín? ¿Por qué estaba la copa de Zafnat-panea en el saco de Benjamín? Hubiera sido justo que la copa hubiera estado en el saco de Rubén, o de Simeón, o de Judá, pero no en el de Benjamín. ¡No podían regresar sin Benjamín! ¡Preferirían morir antes que volver a la casa de su padre sin Benjamín!

Nuestra historia llega aquí a su clímax. La trama llega a su cúspide. La tensión acumulada necesita una solución dramática. ¿Cómo se va a resolver esto? Unos hermanos culpables que son liberados. Un hijo inocente que es culpado. Una copa escondida que es encontrada. Un juicio inevitable. ¿Ves el evangelio? La noche anterior, estos hombres habían estado celebrando un banquete. Había comida, había música, había pan, y sus copas estaban llenas de vino. Ese banquete en casa de José, al que todos sus hermanos fueron invitados, nos recuerda el favor inmerecido de Dios para con nosotros los pecadores. Nuestras copas están llenas y decimos con el salmista: «Mi copa está rebosando».[182] Dios nos da a beber a ti y a mí de la copa de Su misericordia, la copa de Su gracia, la copa de Su bondad, la copa de la salvación. Pero hay otra copa que no está llena de dulce vino sino del vinagre más amargo. Esa copa, Dios la guardó para un solo hombre. Aquél que bebería toda la copa de la ira de Dios. Un solo hombre que habría de cargar con nuestras culpas y ser condenado. Todos lo sabemos, y al igual que los hermanos de José exclamamos: «Aquel de tus siervos en quien fuere hallada la copa, que muera…». La noche en la que el Señor fue entregado estuvo cenando con sus discípulos, partió el pan y les dio a comer, y también les dio a beber de la copa del nuevo pacto. La copa de la reconciliación, la copa de la gracia de Dios. Pero el Señor en Getsemaní había de beber de la otra copa, la de la justa ira de Dios. Estando en el huerto, el Señor exclamó: «Padre mío, si es posible, pase de mí esta copa».[183] No podía ser de otro modo. Cristo bebió hasta la última gota de la copa del juicio para que tú y yo pudiéramos beber gratuitamente de la copa de la gracia.

Cuando la copa de José fue hallada en posesión de Benjamín, el inocente se convirtió en culpable aun siendo inocente, y los culpables en inocentes aun siendo culpables. Zafnat-panea bien dijo a sus hermanos: «El varón en cuyo poder fue hallada la copa, él será mi siervo; vosotros id en paz a vuestro padre». ¡Pero claro que sí tenían que ver con eso! Ellos fueron quienes maltrataron y vendieron a José. *Ellos* eran los culpables. ¡No podían irse! Estaba todo al revés. Benjamín, y solo Benjamín, debía haber sido invitado al gran banquete, comer a la mesa de José, y beber de la copa de su favor. Y solo sus hermanos debían haber sido acusados de traición y apresados por sus culpas. Qué hermoso ejemplo de la sustitución de Cristo por nosotros. Jesucristo es el único que merece sentarse a la mesa del Padre y beber hasta la última gota de la copa de Su favor. Él merece toda la gloria, la bondad y el honor. Tú y yo merecemos el infierno y la condenación, merecemos beber hasta la última gota de la copa de la ira de Dios. Pero Su gracia es mayor. Él hace que todo suceda al revés. En el momento en que la copa de Zafnat-panea se encuentra con Benjamín, él se constituye en culpable y sus hermanos en inocentes. En el momento en que la copa de la ira de Dios se encuentra en Jesús, Él se constituye en culpable de todas nuestras faltas, y nosotros somos declarados inocentes de todos nuestros pecados. «Porque también Cristo padeció una sola vez por los pecados, el justo por los injustos, para llevarnos a Dios».[184] Así como uno de los doce, Judá, ofreció su vida por el inocente, también uno de los doce, Pedro, ofreció su vida el justo. Pero no era posible. No había nada que hacer. No se podía cambiar el decreto de Zafnat-panea, así como no se podía cambiar el plan de Dios. Al ver que Jesús se dirigía a la cruz, Pedro ofreció su vida por la de su Señor diciendo: «Mi vida pondré por ti». Pero el Señor le respondió con toda claridad: «Adonde yo voy, no me puedes seguir ahora, mas me seguirás después». Jesús tenía que caminar solo hacia el Calvario, porque sólo Él había de beber la copa de la ira de Dios.[185] Qué glorioso intercambio.

El plan de José dio su fruto. Sus hermanos están ahora ante él arrepentidos. Reconocieron su pecado ante Dios y lamentaron ver que el inocente es cargado con sus culpas. En Pentecostés, cuando el apóstol Pedro predica con poder, escuchamos un discurso similar al de Judá. La culpa de haber crucificado al Mesías pertenece a los hijos de Israel, y así como el despreciado José fue poderoso sobre la tierra de Egipto, ahora a «este Jesús a quien vosotros crucificasteis,

Dios le ha hecho Señor y Cristo». Las palabras de Judá y las palabras de Pedro produjeron por la gracia de Dios un gran arrepentimiento.[186] ¿Hay en tu corazón ese mismo pesar por tu pecado? ¿Eres consciente de que fueron tus faltas las que clavaron a Cristo en una cruz? Cuando veas las bendiciones de Dios en tu vida, recuerda que Él te dio a beber la copa que no merecías. Cuando veas la cruz y los clavos, recuerda que Él tomó de la copa que te pertenecía.

La gracia de Dios en tu vida

1. ¿Por qué mandó José poner su copa de plata en el costal de Benjamín? ¿Qué pretendía?

2. ¿Cómo reaccionaron los hermanos de José ante esa acusación? ¿Cómo reaccionas tú cuando te acusan de algo?

3. ¿A qué se refiere Judá cuando dice: «Dios ha hallado la maldad de tus siervos»?

4. ¿En qué podemos ver que Judá ha cambiado? ¿Cuál de los hermanos es el único que no participó de la traición contra José?

5. ¿Quiénes de ellos quedarán libres, y quién será culpado?

6. Lee 1 Pedro 3:18. ¿De qué modo apunta este episodio al evangelio del Señor Jesús?

7. Lee Salmos 23:5. ¿A qué copa se refiere el salmista? Lee Mateo 26:39. ¿A qué copa se refiere el Señor?

8. ¿Cuál de las dos copas has de beber tú? ¿Por qué?

9. Explica en pocas palabras tu gratitud al Señor por Su gracia inmerecida.

11

¡JOSÉ VIVE!

Génesis 45

Si estuviéramos viendo una serie de televisión, este sería el mejor momento para congelar la imagen, hacer un fundido en negro, y mostrar en letras blancas el rótulo «Continuará». Los hermanos de José están en una situación dramática. Benjamín debe ser entregado a causa de la copa encontrada en su saco, y sus hermanos se lamentan por ello. Judá clama por la vida de Benjamín y ofrece la suya a cambio, pero Zafnat-panea confirma que se queda con Benjamín, y ellos se pueden ir en paz. Qué tensión. Cuánta intriga. Cuántas emociones fuertes. ¿Qué sucederá ahora? Si se tratara de una tragedia, Zafnat-panea se mostraría inflexible. Se quedaría con Benjamín y los hermanos regresarían a Canaán, donde Jacob moriría de angustia recordando a los dos hijos que perdió. Si se tratara de una película de acción, los hermanos de José sacarían las espadas, rescatarían a Benjamín luchando contra los hombres de Zafnat-panea, y regresarían a Canaán victoriosos a toda velocidad sobre sus asnos. Pero la trama de nuestra historia es aún mejor. Se

131

llama, *evangelio*. El desenlace supera todas nuestras expectativas y nos deja boquiabiertos. Nos seguimos maravillando con la historia de José, así como nos maravilla seguir viendo como rezuman las verdades del evangelio.

Judá clama por Benjamín. Clamó frente a su padre Jacob que le dejara ir con ellos a Egipto, y ahora clama frente a su hermano José que le deje volver con ellos a Canaán. Al contemplar la transformación que Dios ha obrado en el corazón de sus hermanos, José se conmueve, y decide revelar su verdadera identidad. En ese momento, José hace salir a los siervos de palacio, y estando a solas con sus hermanos llora a gritos expresando la emoción contenida en su alma durante todos esos años. Su llanto es tan notable que se nos dice que lo «oyeron los egipcios», e incluso «la casa de Faraón». No sabemos a qué distancia estaba la casa de Faraón de la casa de José, pero la cuestión está en que los llantos pusieron a sus hermanos en una situación aún más precaria. Imagina por un momento que tú estuvieras en una situación similar. El presidente del gobierno te recibe en su palacio para tratar un delito del cual se te acusa, hace salir al personal, acto seguido empieza a llorar desconsolado. ¿Qué pensarías en ese momento? ¡Que todo el ejército está a punto de caer sobre ti para meterte en la cárcel de por vida! ¡Qué temor tan grande debió recorrer las venas de estos hombres! ¡El gran Zafnat-panea llorando como un niño! ¡Ahora sí que no tienen escapatoria! Sin duda esto es el fin. Pero el desenlace es del todo inesperado. Hasta ahora Zafnat-panea se había dirigido a ellos a través de un intérprete. Pero el intérprete también ha salido de la sala. Está a punto de suceder algo que les va a inquietar más que los lamentos de José, más que el dinero en los costales, más que la copa de plata, más que todo lo que han vivido hasta entonces. Cuando Zafnat-panea consiguió contener el llanto, miró a los ojos vidriosos de sus hermanos, y les dijo en lengua hebrea: «*Aní Yosef*»... «Yo soy José».

José reveló su verdadera identidad. En el momento en que sus hermanos entendieron esto, les sobrevino un profundo temor, mayor que el que ya tenían. Un silencio sepulcral llenó la sala. No pudieron responderle, porque estaban turbados delante de él. Petrificados. Pálidos. Mudos. Si el que tenían delante era José, y estaba vivo, entonces sus ofensas contra él eran aún mucho más graves que las cometidas contra Zafnat-panea. No se trataba tan solo de una copa de plata. Ahora eran culpables de haber maltratado, vendido y traicionado al que ahora era el hombre más poderoso sobre la tierra. Así sucedió con nuestro Señor Jesucristo. Muchos se maravillaban de la sabiduría de Jesús hijo de José. Ese era el nombre del hijo del carpintero, *Yeshua ben Yosef*. Pero unos pocos lograron escuchar y comprender quién era en realidad aquel hombre. Tan solo aquellos a quienes Jesús se los reveló, pudieron conocer su verdadera identidad. El Señor dijo: «Yo soy el buen pastor; y conozco mis ovejas, y las mías me conocen».[187] En cierta ocasión los discípulos estaban asustados por las olas del mar. En medio de la tormenta despertaron al Señor que estaba junto con ellos en la barca. Jesús, «levantándose, reprendió al viento, y dijo al mar: Calla, enmudece. Y cesó el viento, y se hizo grande bonanza. Y les dijo: ¿Por qué estáis así amedrentados? ¿Cómo no tenéis fe? Entonces temieron con gran temor, y se decían el uno al otro: ¿Quién es éste, que aun el viento y el mar le obedecen?».[188] Los discípulos de Jesús sintieron miedo de las olas, pero tuvieron aún más temor al comprender quién era Aquel que hacía callar las olas. Los hermanos de José tenían miedo de las circunstancias, pero tuvieron aún mayor temor de José ahora que habían conocido su poder. Cuando el Señor les preguntó a sus discípulos quién era Él, Pedro respondió: «Tú eres el Cristo, el Hijo del Dios viviente. Entonces le respondió Jesús: Bienaventurado eres, Simón, hijo de Jonás, porque no te lo reveló carne ni sangre, sino mi Padre que está en los cielos».[189] Demos gracias a Dios porque a los creyentes nos ha dado a conocer la verdadera identidad de su Hijo Jesús. Él es el Hijo de Dios, el Príncipe de los Cielos, el Rey de reyes. Pero, así como los hermanos de José, nuestra alma se llena de sumo gozo por haberle conocido al igual que se llena de un gran temor al saber que es a Él a quien en otro tiempo despreciamos.

Pero José no hace uso de su poder contra ellos. No hay venganza, ni rencor, ni represalias. Les dice tiernamente: «Acercaos ahora a mí... yo soy José, vuestro hermano». Con qué dulzura les habla. Les pide que no estén tristes. Todo ha sucedido para llevar a cabo el plan de Dios, y todavía quedan cinco años más de hambre en la tierra. Deben venir a Egipto a vivir con él. José narra a sus hermanos su historia, y explica su vida desde una perspectiva única, desde la óptica celestial. Desea que todo cobre sentido a sus ojos y se llenen de esperanza al ver la soberanía de Dios. Después de todo lo que han vivido, José mantiene con sus hermanos una auténtica sesión de consejería bíblica, en la que comparte la visión de Dios respecto a sus vidas. No es necesario señalarles su pecado, pues Zafnat-panea ya les puso contra las cuerdas y Dios obró arrepentimiento en ellos. Ya no es momento de confrontar, sino de confortar. Cuando sufrimos, el gran consuelo divino llega a nuestros corazones al ver que las cosas no suceden por azar. José no fue deportado a Egipto, sino que *Dios lo envió*. ¡Qué visión de la soberanía del Señor! Sus hermanos lo habían vendido como esclavo, y ahora se arrepentían de su pecado. Pero una verdad aún mayor gobernaba el pensamiento de José y llenaba su corazón de paz. ¡No se trata de ti ni de mí, se trata de *Dios*! Hasta cuatro veces repite esta verdad en unos pocos versículos:

v. 5 – «para preservación de vida me envió *Dios*»

v. 7 – «*Dios* me envió delante de vosotros»

v. 8 – «No me enviasteis acá vosotros, sino *Dios*»

v. 9 – «*Dios* me ha puesto por Señor de todo Egipto»

¡Dios! ¡Tan solo Dios! ¿Nos damos cuenta del mensaje de José? ¿Puedes aplicar esta misma medicina a tu historia? Tú también has cometido muchos pecados en tu vida. Muchos errores, muchas faltas, muchas malas decisiones que han marcado el rumbo de tus pasos. Sin duda necesitas humillarte delante del Señor. Dios te llama al arrepentimiento y a la reconciliación con tus hermanos. ¡Pero deja de torturarte por tu pasado! Deja de pensar cómo sería tu vida si no hubieras tomado esas malas decisiones. Deja de lamentarte y autocompadecerte. Deja de pensar que en tu vida tú eres lo más importante, porque en realidad, en la vida de José y en la tuya, el protagonista es Dios. Él ha guiado tus pasos hasta el día de hoy. Dios ha entrado en la historia y en tu historia. Dios te ha acercado a las páginas de este libro. Hoy eres lo que eres gracias a Dios, y Él sigue trabajando en tu corazón. ¿Acaso no trae esta verdad un profundo descanso a tu alma? ¿No es consuelo saber que, a pesar de toda tu maldad, Dios cumple su propósito en ti? Dios es un director de orquesta tan maravilloso que hace sonar una música celestial aun cuando nuestras vidas están rotas y desafinadas. Esa es la paz que sintieron los hermanos de José. Su pecado había sido perdonado, y Dios llevó a cabo Su perfecto plan a pesar de ellos mismos. Recuerda las palabras de José a sus hermanos, como si Jesús nos las estuviera diciendo a nosotros hoy: «Ahora, pues, no os entristezcáis, ni os pese de haberme vendido acá; porque para preservación de vida me envió Dios delante de vosotros».[190]

Igual como encuentras pecado en tu vida, también ves que muchas personas han pecado contra ti. Tal vez hayas sido engañado, maltratado, abandonado, defraudado. Puede que tu esposo te haya dejado, que tus padres te hayan despreciado, o tus amigos te hayan traicionado. Es posible que durante muchos años esas viejas heridas hayan estado sangrando y te hayas hundido en un pozo de amargura y depresión. Deja a un lado el rencor y los deseos de venganza. ¡Escucha las palabras de José! Él fue herido mucho más que tú y que yo, pero no les dijo a sus hermanos *¡Qué hicieron conmigo! ¡Me han traumatizado de por vida!*, más bien «no me enviasteis acá vosotros, sino Dios». ¿Puedes ver el cuidado del Todopoderoso aún detrás de los dolores de tu vida? ¿Confías en Su mano paternal? Recuerdo una ocasión en la que llevé a vacunar a uno de mis hijos cuando era pequeño. Al ver a la enfermera acercarse con una bata blanca y una jeringa en la mano, mi hijo lloraba desconsolado, y no podía comprender por qué le estaba sujetando los brazos. «¡Suéltame, papá, suéltame!», me repetía con mirada de asombro. Cuando la enfermera terminó su trabajo y solté a mi hijo, él llorando se dio media vuelta buscando mi abrazo. El mismo padre que permitía el dolor, es a quien acudía buscando consuelo. Nos puede resultar sencillo ver la mano de Dios detrás de cada bendición, pero resulta más costoso ver Su mano en cada aflicción. Dios permite ciertas penas en nuestra vida con un propósito eterno. Nosotros, como un niño pequeño frente a una enfermera blandiendo la aguja, vemos que las dificultades se nos avecinan sin entender por qué nuestro padre celestial consiente en ello. A veces le pedimos que nos libre del dolor, pero Él sabe qué es lo mejor, y espera que crezcamos en nuestra confianza y que busquemos su abrazo. José tenía una profunda paz en su corazón, porque sabía que el protagonista de su historia no eran las personas, sino Dios. El centro de todo es Dios. Quien lo mueve todo es Dios. Quien lo permite todo es Dios. Quien hace Su voluntad es Dios. La razón de todo es la gloria de Dios. Estamos en las manos de nuestro Padre celestial, y Él no es un Dios caprichoso. Él es un Dios *todopoderoso* y *todobondadoso*.

José invitó a sus hermanos a venir a vivir a Egipto para que no les faltara nada durante los cinco años de escasez que aún quedaban por delante. A Faraón le pareció bien; ordenó que se les diera a los hermanos de José todo lo necesario, y mandó que se llevaran carros de Egipto para que pudieran traer en ellos a sus mujeres y sus hijos. Cuántos contrastes si lo comparamos con el Éxodo. Años después, a un Faraón que no conocerá a José no le parecerá bien que los hebreos salgan de Egipto, y enviará a sus carros en su contra.[191] En esta ocasión, los hermanos de José reciben dinero, comida y vestidos para poder ir a Canaán, y de nuevo José trata a Benjamín de una forma especial. Si bien José fue privado de su padre, y quitándole su vestido le vendieron por veinte piezas de plata, ahora Benjamín es enviado a su padre, con cinco mudas de vestidos y trescientas piezas de plata. Sin duda esto supone un trato de favor hacia el hijo de Raquel, pero también una compensación para aquel anciano que durante más de veinte años tan solo tuvo como triste recuerdo de José una túnica de colores manchada en sangre. José les entregó todo lo necesario para un largo viaje. Un anticipo de una nueva época en sus vidas. Recibieron víveres para el camino, y llevaron diez asnas y diez asnos cargados de alimentos para el viaje de regreso. La invitación de venir a Egipto a vivir era una invitación en firme. José iba a preparar tierras para ellos y sus familias en Gosén, el lugar más fértil, y les proveyó de todo lo necesario para que tuviera éxito aquel éxodo hacia Egipto.

¡Lo mismo sucede con nosotros! Una vez reconciliados con el Señor Jesucristo, Él también nos dice *Vengan a vivir conmigo. Ya no sufrirán más escasez*. «En la casa de mi padre muchas moradas hay... voy pues a preparar lugar para vosotros».[192] Así como José llevó a sus hermanos a vivir con él, el Señor Jesucristo nos llevará a nosotros a vivir con Él por toda la eternidad. Ahora nos envía a que vayamos a buscar a los nuestros, para regresar pronto con los carros llenos. Nuestro viaje, como el de los hebreos, también es un viaje de ida y vuelta. El Señor Jesús nos ordena: «Id por todo el mundo y predicad el evangelio a toda criatura», para que después regresemos para estar con Él, «y si me fuere y os preparare lugar, vendré otra vez, y os tomaré a mí mismo, para que donde yo estoy, vosotros también estéis. Y sabéis a dónde voy, y sabéis el camino».[193] La invitación de Jesús no está hecha a la ligera. Así como José proveyó perfectamente a sus hermanos para el largo viaje que les esperaba, también el Señor Jesucristo nos equipa a nosotros para el largo viaje de la vida cristiana. ¡Salgamos al mundo para anunciar el evangelio, regresemos a Cristo con los carros llenos, y moremos para siempre en su mansión celestial!

En este viaje de la vida cristiana debemos comprender que «todas las cosas que pertenecen a la vida y a la piedad nos han sido dadas por su divino poder», y que «toda la Escritura es inspirada por Dios, y útil para enseñar, para redargüir, para corregir, para instruir en justicia, a fin de que el hombre de Dios sea perfecto, enteramente preparado para toda buena obra».[194] Así como José proveyó de lo necesario para sus hermanos, Jesús nos ha dado lo necesario a nosotros. El cristiano está perfectamente equipado por Dios para el camino de la vida cristiana; para ser un excelente esposo, padre, madre, ciudadano, hija, hijo; para responder de forma excelente ante cualquier circunstancia y glorificar a Dios en todo momento. El problema no es que la Biblia no sea suficiente, sino que no la conocemos lo suficiente y no la aplicamos lo suficiente.

Pero algunos se preguntan: *Si los cristianos tienen todos los recursos de Dios para la vida, ¿cómo puede ser que algunos incrédulos parezcan ser mejores que algunos creyentes?* Yo suelo responder a esa pregunta con un sencillo ejemplo: ¿Puede una bicicleta adelantar a un coche de carreras? Sí, claro que sí. Si la bicicleta la lleva un ciclista profesional, y el coche lo conduce alguien que no sabe cambiar las velocidades del auto y siempre va en primera. Del mismo modo, un incrédulo puede llevar una vida aparentemente mejor que la del cristiano, si el incrédulo vive disfrutando plenamente de la gracia común de Dios para con él, y el creyente vive de forma miserable, menospreciando lo que Dios ha puesto en sus manos. ¡Pero no debería de ser así! Imagina que los hermanos de José y sus familias llegaran de vuelta a Egipto y le dijeran *¡Hemos pasado mucha hambre José! ¡Hemos temblado de frío por la noche!*, y José viera intactos los carros llenos de comida, los vestidos nuevos, y las bolsas de dinero. Del mismo modo el Señor nos dice en Su Palabra: «Ocupaos en vuestra salvación con temor y temblor».[195] ¡Ocúpate! Vive la vida cristiana usando al máximo todos los recursos espirituales que Dios te ha dado. No pienses que el viaje es demasiado largo, o demasiado duro. En el Éxodo, Israel anduvo errante cuarenta años en el desierto, y sus sandalias no se desgastaron. El Señor proveyó de agua, de maná, y de sombra para el camino. Así mismo Dios te ha enviado a recorrer el largo viaje de la vida cristiana, pero Él te ha provisto de todo lo necesario. Cuando llegues a Su presencia no le digas: *Oh, Señor, qué hambre he pasado, qué frío, qué soledad y qué temor, porque Él te dirá: ¿Acaso no te di la Palabra, y el Espíritu, y la Iglesia, y la Oración?* Vivamos en plenitud la vida cristiana, empleando los dones que Dios nos ha dado.

Pero en este capítulo nos encontramos con una de las frases más llamativas de este relato, cuando antes de emprender su viaje José le dice a sus hermanos: «No riñáis por el camino».[196] José es una representación viva de la gracia de Dios para con nosotros. A pesar de lo que sus hermanos le hicieron, José los perdonó, los invitó a su casa, les dio dinero, comida, carros, vestidos, y finalmente les da una sola instrucción para el viaje que tienen por delante: «No riñáis por el camino». Poco antes José había compartido con sus hermanos la inmensa paz que él había experimentado. Una paz que sobrepasa todo entendimiento, y reina en nuestros corazones cuando sabemos que Dios es soberano sobre todas las cosas y perdona todas nuestras ofensas. La paz que sus hermanos habían visto en la actitud de José hacia ellos, en su amor, su perdón y su bondad. José quiere que ahora sus hermanos vivan la realidad de esa paz entre ellos, y con su exhortación es como si les dijera: *Hermanos, sé que hay mucho gozo en sus corazones, pero también sé que será difícil explicarle a nuestro padre la verdad. En el transcurso del viaje a Canaán volverán a recordar sus faltas. Recordarán de quién fue la idea de echarme al pozo y quién me golpeó primero. Recordarán quién propuso venderme, y quién rompió mi túnica. Recordarán quiénes participaron en mancharla con sangre, y quién mintió a nuestro padre Jacob. Entre tanto, buscarán la manera de explicarle todo esto a Jacob de forma que los demás parezcan más culpables. Pero la realidad es que, aun siendo todos pecadores, Dios los ha perdonado, al igual que yo. Así que ahora disfruten la paz de Dios, vayan a Canaán, y no peleen en el camino.* ¡Esa exhortación es tan actual para cada uno de nosotros! El Señor Jesucristo nos ha perdonado. Nosotros lo despreciamos, lo rechazamos, y lo clavamos en un madero. Pero, aun así, Él nos ha perdonado generosamente como el rey que perdonó diez mil talentos a su siervo. ¿Y ahora nosotros no seremos capaces de perdonar cien denarios a nuestro hermano?[197] Después de todo lo que el Señor ha hecho contigo, después de todo Su cuidado, protección, bondad y Su paz, ¿ahora miras tú a tu hermano para echarle la culpa? ¿Pretendes parecer más inocente que aquellos que te rodean? ¿Señalas su pecado con orgullo cuando sabes que eres igual de pecador? El Señor con sus misericordias y gracia mostradas pareciera decirnos: *En el largo trayecto de la vida cristiana, no discutan. Recuerden cada día la gracia que yo les he tenido, y demuestren esa misma gracia los unos para con los otros.* Hermanos, «no riñáis por el camino».

La conclusión de este capítulo supone el centro de toda esta historia. Los hermanos de José llegan a Canaán, y le dan a Jacob la buena noticia: «¡José vive aún!». Al principio Jacob no puede creerlo. Siente dolor en su corazón al volver a recordar su ausencia, pero escucha lo que sus hijos dicen y ve las evidencias: los carros, los alimentos, los vestidos nuevos, el dinero. ¡Es cierto! ¡José vive! Por eso están todos libres. Si José no estuviera vivo, solo les quedaba que la ira de Zafnat-panea los destruyera. Pero José sigue vivo y por eso ellos están vivos. ¡José vive!, por eso tienen alimento. ¡José vive!, por eso tienen paz. ¡José vive!, por eso tienen una nueva patria. ¡José vive!, por eso tienen esperanza. ¡José vive!, por eso han sido perdonados y han aprendido a perdonar. ¡José vive! Y no solo vive, sino que es señor en toda la tierra de Egipto. ¡José estaba vivo! Pero Jacob podría haber respondido con incredulidad y haber dicho *No saben lo que están diciendo. Debió de afectarles el sol del desierto. Seguramente vieron a alguien parecido a José. Yo vi su túnica de colores manchada con sangre. Yo sé que murió.* En un principio el corazón de Jacob se afligió, pero cuando Jacob creyó en su corazón lo que le decían, su espíritu revivió.

Así como los hermanos de José llevaron buenas noticias a Canaán, nosotros también tenemos la misión de anunciar las buenas nuevas del evangelio. ¡Jesús vive! Si Jesús estuviera muerto no nos quedaría nada más que encarar la justa ira de Dios contra nosotros. Pero Jesús está vivo, y ahora tenemos una nueva vida en Él. ¡Jesús vive! Y no solo vive, sino que Él es el Señor sobre cielos y tierra. Los que nos oyen no pueden ver a Jesús, como Jacob tampoco podía ver a José, pero hay ante ellos muchas evidencias de Su poder. Jesús vive, por eso tenemos paz. Jesús vive, por eso tenemos una nueva patria. Jesús vive, por eso somos perdonados y hemos aprendido a perdonar. Jesús vive y hemos sido liberados del pecado. Las mujeres que contemplaron el sepulcro vacío fueron a dar estas buenas nuevas: ¡Jesús vive! Los discípulos que habían visto al Señor resucitado repitieron estas palabras a Tomás: ¡Jesús vive! Escucha la buena noticia del evangelio. Bienaventurado eres si crees sin ver. Haz como Jacob. Cree, y sube al carro que te llevará donde está José. El viaje de la vida cristiana atraviesa un desierto para llegar donde él está. Las necesidades del camino pueden ser grandes, pero su gracia es mayor. Llenemos los carros y vayamos. Tenemos todo lo necesario. Nos espera una nueva vida gracias a esta gloriosa noticia: *¡Jesús vive!*

La gracia de Dios en tu vida

1. ¿Por qué tuvieron miedo los hermanos de José cuando reveló su identidad?
2. ¿Qué explicación da José a todo lo sucedido? ¿Por qué está en Egipto?
3. Lee los siguientes pasajes y responde con cada uno de ellos a estas preguntas: ¿Quién es el protagonista? ¿Qué hace?
    a. *Jonás 2:3*
    b. *Daniel 4:34-37*
    c. *Proverbios 21:1*
    d. *Gálatas 1:15-16*
    e. *Génesis 45:7-8*
4. ¿De qué manera los versículos anteriores traen paz a tu corazón?
5. ¿Qué cosas de tu historia son dolorosas o no parecen tener sentido? A la luz de Romanos 8:28,29, ¿cómo podrías percibirlas desde la óptica de José?
6. Explica de qué manera cada uno de estos detalles de nuestra historia apuntan a la vida y obra del Señor Jesús.
    a. *Zafnat-panea revela su identidad*
    b. *Dios envía a José a Egipto para preservar la vida de sus hermanos*
    c. *Dios pone a José por gobernador*
    d. *José trae a sus hermanos a Egipto para que vivan con él*

e. *José les da todo lo necesario para el viaje*

f. *José les dice «No riñáis por el camino»*

g. *Jacob no ve a José, pero cree la noticia*

7. ¿Crees que Jesús vive? ¿De qué manera esta noticia cambia tu historia?

12

DIOS CUMPLE SUS PROMESAS

Génesis 46:1-30

Me encantan los cementerios. Cuando visito una nueva ciudad o país, procuro pasear por algún cementerio y ver las lápidas, las flores, escuchar el silencio. Mi esposa dice que se trata de una afición realmente extraña, y empiezo a creer que tiene razón. Supongo que me gusta porque me hace reflexionar sobre la fragilidad de la vida y el paso del tiempo. En las lápidas solemos grabar solamente las fechas de nuestra breve andadura terrenal. Pero en algunas ocasiones puedes hallar lápidas con epitafios realmente interesantes que expresan el lema de cada persona. A veces me pregunto, si pudiera escoger mi última frase, ¿qué diría? Si pudiera escribir mi epitafio, ¿qué escribiría? ¿Y tú? ¿Cuál es tu meta? ¿Cuál es tu sueño? ¿Cuál es tu lema?

A lo largo de los siglos se han preservado algunas frases de personajes famosos que revelan los anhelos de sus corazones. Según los escritos budistas, las últimas palabras de Buda fueron: «Todas las cosas son perecederas. Esforzaos por vuestra salvación». En algunos casos, las últimas palabras reflejan la personalidad de cada uno. Miguel Servet, condenado a muerte por herejía, les dijo a sus jueces en Ginebra: «Seguiremos discutiendo en la eternidad». Mientras que el humorista Groucho Marx, tiene escrito en la lápida de su tumba: «Disculpe que no me levante, señora». Nuestras últimas palabras también pueden expresar lo que más amamos. Justo antes de morir, Napoleón Bonaparte exclamó: «¡Josefina...».». Pero el vanidoso de Nerón, dijo antes de morir: «¡Qué gran artista perece conmigo!». Otros simplemente no pudieron escoger lo último que querían decir. La noche en la que el pastor Martin Luther King fue asesinado, alguien le dijo: «Ha refrescado esta noche. No se olvide usted del abrigo, doctor King». «Está bien, me lo pondré», contestó. Y entonces sonó un disparo. Con todos los discursos memorables que realizó el Dr. King, seguro que hubiera preferido escoger otras palabras más profundas para su epílogo. Se cree que en su lecho de muerte, Albert Einstein pronunció unas palabras profundas y sublimes... pero no sabemos qué dijo, porque la enfermera que lo estaba asistiendo no sabía alemán.

Volviendo al momento en el que estamos en nuestra historia, nos encontramos con un anciano de ciento treinta años caminando por el desierto en dirección a Egipto. ¿De dónde sacó este hombre la fortaleza para este último viaje? ¿Qué había en su corazón? ¿Qué deseaba hacer antes de morir? Jacob, ya muy anciano, está escogiendo sus últimas palabras. Su máximo deseo es volver a ver a José, y ya está listo para morir cuando logra verlo de nuevo y dice: «Muera yo ahora, ya que he visto tu rostro, y sé que aún vives». El máximo deseo de Jacob era ver a José. ¿Cuál es el deseo de tu corazón? ¿Qué quieres hacer tú antes de morir? Si te quedaran pocos días de vida, ¿cómo los usarías? Si pudieras hacer una cosa más, ¿qué harías?

En Génesis 45 leíamos que José envió a sus hermanos de regreso a Canaán para recoger a sus familias y a su padre Jacob, y traer a todos a Egipto. Al principio, a Jacob le fue difícil aceptar la noticia; pero finalmente creyó a la palabra de sus hijos y exclamó: «Basta; José mi hijo vive todavía; iré, y le veré antes que yo muera».[198] Después de esto, Jacob reunió a toda su familia y partió con ellos rumbo a Egipto. En el trayecto hacia Egipto se detuvieron en Beerseba, donde años atrás Abraham había hecho pacto con el rey Abimelec.[199] Beerseba era la región en el extremo sur de la tierra de Canaán. Una expresión típica de aquel entonces en todo el país era decir «Desde Dan hasta Beerseba» para expresar «De norte a sur».[200] Después de Beerseba tan solo quedaba cruzar el desierto hasta llegar a la tierra de Egipto. Esa parada en Beerseba está cargada de significado. Jacob estaba acampando en la frontera con Egipto. Se estaba despidiendo de Canaán. ¿Qué debía pasar por la cabeza de este anciano al acampar en Beerseba? Dudas. Temores. Debilidad. Delante de él tenía el árido desierto, y más allá un país extranjero donde viviría el resto de sus días. Sin duda las personas mayores prefieren evitar grandes cambios y sentirse seguros en la estabilidad de lo cotidiano. Pero Jacob sacó fuerzas de donde no había. A sus ciento treinta años debía sentirse débil. También emocionado por el hecho de pensar en un reencuentro con José, algo que aún le parecía un sueño. Así que, cuando Jacob encara este gran reto en su vida, decide invocar el nombre de Dios. Allí, en Beerseba, en la frontera, ofreció sacrificios al Dios de su padre Isaac. Sacrificios de gratitud. Sacrificios de alabanza. Sacrificios de súplica. Sacrificios pidiendo la guía y la fortaleza del Señor.

Habían pasado muchos años desde la última ocasión en la cual Dios le había hablado. La última vez fue en Betel, cuando era joven y estaba huyendo de su hermano Esaú. Fue en Betel donde Jacob vio en sueños ángeles de Dios subiendo y bajando por una escalera que llegaba hasta el cielo, y al despertar llamó a aquel lugar «Bet-El» (Casa de Dios), porque «allí le había aparecido Dios».[201] Ahora, Dios habla nuevamente a Jacob. No a través de un sueño —*halom*— sino de una vision —*marah*—. Una visión en la que Jacob conversa con Dios, y Dios le da evidencias de Su poder y de Su carácter. Estas evidencias son las que le habrían de sostener en el camino y le alentarían el resto de su vida en Egipto. En primer lugar, en la visión Dios se presenta como un Dios cercano. El Señor se dirige a Jacob de una forma inusual, llamándolo por su nombre dos veces: «Jacob, Jacob». Cuando esto sucede en las Escrituras, la doble mención del nombre comunica una preocupación y cercanía muy especial. En el monte Moriah, Abraham estaba a punto de sacrificar a su hijo Isaac cuando el Ángel de Jehová lo detuvo diciendo: «Abraham, Abraham».[202] En medio de la noche, un joven profeta escuchó que alguien lo llamaba por su nombre: «Samuel, Samuel».[203] El rey David recibió la triste noticia de la muerte de su hijo y se lamentó llorando: «Absalón, Absalón».[204] Cuando el Señor Jesús se hallaba en casa de Lázaro y sus hermanas, se dirigió a la que se sentía demasiado ocupada diciendo: «Marta, Marta».[205] El apóstol Pedro, muy seguro de sí mismo, anunció que nunca abandonaría al Maestro y el Señor Jesús le reprendió diciendo: «Simón, Simón».[206] De camino a Damasco, el Señor Jesucristo salió al encuentro de un perseguidor de la iglesia, y con poder lo llamó: «Saulo, Saulo».[207] El mismo Señor Jesús clamó al Padre desde el Calvario: «Elí, Elí».[208] En cada instancia, se percibe intimidad y cercanía. Por eso, el Señor Jesús también nos llama a ser congruentes en nuestra fe al preguntar, «¿Por qué me llamáis, Señor, Señor, y no hacéis lo que yo digo?».[209] Aquí, Dios llama a Jacob por su nombre: «Jacob, Jacob».

En segundo lugar, Dios se revela a Jacob como el Dios Creador cuando le dice: «Yo soy *Dios*. El *Dios* de tu padre». En hebreo leemos literalmente: «Yo soy Dios. El *Elohim* de tu padre». ¡Elohim! El nombre de Dios que en Génesis lo identifica como el Dios Creador de todas las cosas. «En el principio creó *Elohim* los cielos y la tierra».[210] Con esto, Dios le está recordando a Jacob que Él es el Dios de sus antepasados, el Dios de su padre Isaac y de su abuelo Abraham. Dios prometió a Abraham que haría de él una gran nación, numerosa como las estrellas de los cielos y la arena del mar. ¡Dios no se había olvidado de su promesa! Él está *creando* una gran nación a través de Jacob y ahora lo alienta diciendo: «No temas descender a Egipto, porque allí yo haré de ti una gran nación». ¡El mismo Dios que creó los cielos, la tierra y el sol, está creando a través de Jacob un gran pueblo para mostrar al mundo Su gloria y poder!

En tercer lugar, Dios se revela como un Dios poderoso. ¡Qué promesa tan grande la que otorga a Jacob!: «Yo descenderé contigo a Egipto, y yo también te haré volver». Jacob se sentía temeroso, y la respuesta de Dios es contundente: «No temas. Yo estoy contigo». ¡Cuántas veces Dios ha respondido así a sus hijos a lo largo de los siglos, prometiéndonos su compañía! Años atrás ya le había dicho a Isaac su padre: «Yo soy el Dios de Abraham tu padre; no temas, porque yo estoy contigo».[211] Cuando Josué estaba por conquistar la Tierra Prometida, Dios le declaró: «No temas ni desmayes, porque Jehová tu Dios estará contigo».[212] Cuando Salomón se preparaba para construir el templo, David su padre le alentó diciendo: «No temas, ni desmayes, porque Jehová Dios, mi Dios, estará contigo».[213] Cuando el apóstol Pablo estaba predicando en Corinto, Dios le dijo en sueños: «No temas, porque yo estoy contigo».[214] Y ahora Dios trae consuelo y ánimo al corazón de Jacob diciéndole antes de entrar en Egipto: «Yo voy contigo. No temas». La presencia de Dios ahuyenta nuestros temores. De hecho, el temor nace cuando nos alejamos de Él. Adán y Eva pecaron en el Edén, y tuvieron temor y se escondieron de la presencia de Dios. Todos nosotros somos como niños pequeños que necesitamos la cercanía de nuestro Padre celestial como remedio contra nuestros muchos temores. Ante el temor de Jacob, y el tuyo, no hay mejor medicina que esta afirmación de Dios: «Yo voy contigo».

En cuarto lugar, Dios es un Dios tan bondadoso que le otorga a Jacob dos grandes promesas para reconfortar su corazón. En primer lugar, le dice: «Y yo también te haré volver...». Ahora Jacob está yendo a Egipto; pero Dios le hará regresar a la tierra que prometió a sus padres. Sabemos que Jacob murió en Egipto, ¿eso significa que Dios no cumplió Su promesa? De ninguna manera. Jacob no vio el cumplimiento de esa promesa antes de morir, pero Jacob regresó a Canaán cuando José llevó su cuerpo a Macpela, a la cueva donde estaban enterrados sus abuelos Abraham y Sara, y también sus padres Isaac y Rebeca.[215] Jacob regresaría a Canaán cuando llevaran su cuerpo. Pero aún de una forma mucho más sublime, Jacob, llamado también Israel, habría de regresar a Canaán cuando toda su descendencia saliera de Egipto y habitara en la Tierra Prometida. En ese día la promesa del Señor se cumpliría en todo su esplendor: «Y yo también te haré volver...». Meditemos en las promesas cumplidas de Dios y no dudemos de las promesas que nos ha hecho. Dios siempre cumple sus promesas. El problema no está en Él, sino en nosotros, pues somos tremendamente impacientes y la brevedad de nuestra vida no nos deja ver lo que Dios llega a hacer. Recordemos que Dios es fiel y no puede contradecir Su Palabra.

La segunda promesa que Dios le dio a Jacob en la visión fue que la mano de José cerraría sus ojos. Ver a José de nuevo sería un sueño cumplido, pero mucho más saber que José estaría a su lado hasta el día de su muerte. Jacob encomendó su vida a Dios allí en Beerseba. En ese momento tan crucial de su historia, Dios le respondió recordándole quién es Él, mostrándole Su amor, poder y bondad. El corazón de Jacob encontró descanso en las promesas de Dios, de la misma manera en que tú y yo, en los momentos trascendentales de nuestras vidas, podemos hallar descanso en las promesas inquebrantables de Dios. Aunque tengas delante de ti un inmenso desierto. Aunque vivas en la más profunda incertidumbre y no sepas qué va a ser de ti. Aunque temas lo que tienes por delante. Aunque tus fuerzas flaqueen, encomienda siempre tus pasos al Señor y Él te reconfortará. Jacob no tenía una Biblia. No pudo leer los Salmos, ni los Evangelios, ni aun el Génesis. Pero Dios se le apareció en una visión de noche y le alentó con Su Palabra. Tú y yo no necesitamos pedirle a Dios que se nos aparezca en una visión de noche. Recordemos que «Dios, habiendo hablado muchas veces y de muchas maneras en otro tiempo a los padres por los profetas, en estos postreros días nos ha hablado por el Hijo».[216] La Palabra de Dios nos dice continuamente quién es Dios, cómo es Él, qué ha hecho, y qué ha prometido. Su Palabra es la que marca la diferencia en nuestras vidas. ¡Encomiéndate al Señor y escucha Su voz para que puedas cantar con el salmista!

«Abatida hasta el polvo está mi alma; Vivifícame según tu palabra. Te he manifestado mis caminos, y me has respondido; Enséñame tus estatutos. Hazme entender el camino de tus mandamientos, Para que medite en tus maravillas. Se deshace mi alma de ansiedad; Susténtame según tu palabra» (Salmos 119:25-28).

En este punto del relato del Génesis descubrimos algo curioso en el texto. Moisés está escribiendo el Pentateuco, y aquí se entretiene a mencionar a toda la gente que viajó con Jacob hacia Egipto. Es una larga lista de nombres, que más que una genealogía es un censo de población de toda la familia de Jacob. Bueno, no es exactamente un censo, porque no cuenta a las esposas de sus hijos, pero sí cuenta a sus nietos. La lista tampoco es un clásico censo en los que se solía contar al cabeza de cada familia porque vemos que la lista incluye a Dina, hermana de José, y a todos los niños. Tampoco se cuenta en este censo a los dos nietos de Jacob que murieron en Canaán, Er y Onán. Moisés los excluye claramente de la lista.[217] ¿Por qué los excluye? ¿Qué es exactamente lo que está describiendo Moisés en este capítulo? El versículo 26 nos lo explica claramente: «Todas las personas que vinieron con Jacob a Egipto, procedentes de sus lomos, sin las mujeres de los hijos de Jacob, todas las personas fueron sesenta y seis». Este es entonces un inventario de todos los descendientes de Jacob que nacieron de él. Por ello, Moisés necesariamente completa la lista con tres nombres más, tres personas que ya estaban en Egipto cuando Jacob llegó, esto es, su hijo José, y sus dos nietos Efraín y Manasés.

Moisés concluye por tanto la descripción de su censo de Israel explicando que «todas las personas de la casa de Jacob, que entraron en Egipto, fueron setenta».[218] Bueno, yo no soy muy bueno en matemáticas, soy más bien de letras, pero sé sumar, y si a la lista de 66 descendientes de Jacob le agregamos a José, Efraín y Manasés, no suman 70, ¿verdad? Suman 69. ¿A quién más añade aquí Moisés? ¿Hay algún *otro* descendiente de Jacob que no conozcamos? No. No lo hay. Porque lo que hace Moisés es añadir al censo al mismo Jacob. Incluyendo a Jacob, todo el pueblo de Israel que entró en Egipto fueron setenta personas. Todo esto nos da a entender que Moisés en

Génesis 46 no está dejando constancia de los descendientes de Jacob que entraron en Egipto, sino de los descendientes de Abraham que entraron en Egipto. Setenta descendientes de Abraham. Un número precioso y lleno de simbolismo. Siete es el número perfecto, y diez expresa la máxima plenitud. Setenta es la plenitud de la perfección. Recordemos que el Señor nos enseñó cuántas veces habíamos de perdonar al hermano, y habían de ser hasta setenta veces siete.[219] Este curioso censo es mucho más que un censo demográfico; es un censo teológico. Se trata de un hermoso recordatorio para todos nosotros de que Dios cumple sus promesas. Dios cumple Su Palabra, y en estos momentos la promesa que Dios hizo a Abraham se está cumpliendo. Años atrás Dios había declarado a Abraham que iba a bendecir su descendencia, y la iba a multiplicar como las estrellas del cielo y como la arena que está a la orilla del mar.[220] En aquel momento, Abraham tenía solo un hijo, Isaac, pero tan solo unos doscientos años más tarde, sus descendientes ya formaban un pueblo de setenta personas. Dios cumple sus promesas. Esas setenta personas llegarán a ser, después de unos doscientos años más en Egipto, un pueblo enorme que cruzaría el Mar Rojo para entrar en la Tierra Prometida. Dios estaba cumpliendo las promesas hechas a Abraham. Dios iba a cumplir las promesas hechas a Jacob. Dios cumplirá las promesas hechas a José. Y del mismo modo Dios cumplirá todas las promesas que nos ha hecho a ti y a mí. Dios siempre cumple sus promesas.[221]

Cuando la caravana de los hebreos se acercó a Egipto, Jacob envió a Judá para avisar a José que ya estaban por llegar. José preparó su carro y salió al encuentro de su padre en la tierra de Gosén. El reencuentro sin duda estuvo cargado de emoción. Después de un largo tiempo sin ver a un ser querido nos alegramos grandemente con el reencuentro, pero debe de ser inmensamente especial la experiencia de volverse a ver con alguien que creías que estaba muerto. Jacob y José se abrazaron. Al igual que el padre del hijo pródigo, Jacob podía exclamar «este mi hijo muerto era, y ha revivido».[222] Pero José es exactamente lo contrario del hijo pródigo. José no se va, le echan. No regresa, hace regresar. No gasta, provee. No es el hijo rebelde que despilfarra la herencia y ahora regresa para ser acogido por su padre. Es el hijo amado que acoge a su padre y sus hermanos y les da una morada.

Abrazar a José era el mayor de los sueños para Jacob. Su último deseo. Su lema. Ahora que veía a José con sus propios ojos ya podía morir en paz. Cuando oyó la noticia por primera vez dijo: «Basta; José mi hijo vive todavía; iré, y le veré antes que yo muera».[223] La palabra «basta» es la traducción del hebreo *rab*, que significa también «mucho». En otro pasaje del Génesis se nos dice que Abraham y su sobrino Lot no podían habitar juntos porque sus posesiones eran muchas, *rab*.[224] Los dos tenían mucho y ya no cabían en aquella tierra. Esta es la expresión que usa Jacob cuando se convence de que la buena noticia es cierta: *rab*. Esto es demasiado para mí. Suficiente. Mi corazón está lleno. Ya no cabe nada más. ¡Estoy satisfecho! ¡Ya puedo morir tranquilo! «¡Basta!» Se acabó el lamento. Se acabó la espera. Se acabó el luto. Se acabó la inquietud. Se acabó la tristeza. Y ahora que Jacob está abrazando a José, exclama: «Muera yo ahora, ya que he visto tu rostro, y sé que aún vives».[225] Sus palabras nos recuerdan a las del anciano Simeón, quien esperaba poder ver cumplido su deseo de ver al Mesías antes de fallecer:

«Y he aquí había en Jerusalén un hombre llamado Simeón, y este hombre, justo y piadoso, esperaba la consolación de Israel; y el Espíritu Santo estaba sobre él. Y le había sido revelado por el Espíritu Santo, que no vería la muerte antes que viese al Ungido del Señor. Y movido por el Espíritu, vino al templo. Y cuando los padres del niño Jesús lo trajeron al templo, para hacer por él conforme al rito de la ley, él le tomó en sus brazos, y bendijo a Dios, diciendo: Ahora, Señor, despides a tu siervo en paz, Conforme a tu palabra; Porque han visto mis ojos tu salvación, la cual has preparado en presencia de todos los pueblos; luz para revelación a los gentiles, y gloria de tu pueblo Israel» (Lucas 2:25-32).

Simeón vio al Mesías y expresó *Ya puedo morir en paz.* Jacob vio a José y profirió *Ya puedo morir en paz.* Y tú, ¿qué necesita tu alma para poder morir en paz? ¿Cuál es tu esperanza? ¿Qué te haría feliz? ¿Cuál es tu sueño? ¿Cuáles serían tus últimas palabras? ¿Cuándo estará satisfecho tu corazón? Vivimos en mundo repleto de gente insatisfecha. Siempre queremos más, y nunca queremos lo que tenemos. El niño piensa que los mayores son más felices, y quiere crecer. El estudiante piensa que el que trabaja es más feliz, y quiere acabar los estudios. El soltero piensa que los casados son más felices, y quiere casarse. El casado piensa que los que son padres son más felices, y quiere ser padre. El padre piensa que los que tienen hijos casados son más felices, y quiere casar a sus hijos. El abuelo piensa que los jóvenes son más felices, y quisiera volver a ser joven. El césped siempre parece más verde en el jardín de al lado, porque pretendemos saciar la sed del alma con las cosas de este mundo. Constantemente pensamos que podríamos estar satisfechos si tuviéramos más tiempo, si tuviéramos más salud, si tuviéramos más dinero, si tuviéramos un cónyuge, si tuviéramos más edad, si tuviéramos más juventud, si tuviéramos… Pero nuestro corazón nunca descansa porque no sabe lo que necesita. Somos enfermos que buscamos una medicina, sin saber qué medicina buscar. Nuestro corazón nunca es capaz de decir como Jacob *Basta. Suficiente. Estoy Satisfecho.*

¿Y tú? ¿Estás satisfecho? Tanto que tu corazón pueda decir *¡Basta! ¡Suficiente! ¡Solo quiero una cosa! ¡Quiero ver al Hijo!* Quiero a Jesucristo. No quiero nada más. Es mi único anhelo. Cuando le vea seré feliz, verdaderamente feliz. En esta tierra no existe la satisfacción plena. Vivimos con grandes expectativas que se convierten en grandes decepciones. Las cosas de esta vida se presentan espléndidas, pero al mirar a Cristo comprobamos que Su gracia es mayor. Solo puedes encontrar tu plena satisfacción en las promesas de Dios, porque Dios sí que cumple sus promesas. Él es un Dios cercano, un Dios poderoso, un Dios bondadoso. Cristo siempre cumple lo que dice, y Él nos aseguró que estaría con nosotros todos los días, hasta el fin del mundo.[226] Él prometió formar un pueblo y nosotros somos ese pueblo, el Israel de Dios, porque todos los que tenemos la fe de Abraham somos hijos de Abraham.[227] Cristo cumple sus promesas, y Él está preparando un lugar celestial para llevarnos muy pronto con Él.[228] Dile a tu alma *¡Mira a Jesús! ¡Él es suficiente!* Recuerda mantener firme, sin fluctuar, la profesión de nuestra esperanza, porque fiel es el que prometió.[229] Que Cristo sea tu lema, y que llegando a anciano como Jacob puedas expresar junto a Job la bendita esperanza de ver con tus ojos a tu Redentor.

«Yo sé que mi Redentor vive, Y al fin se levantará sobre el polvo; Y después de deshecha esta mi piel, En mi carne he de ver a Dios; Al cual veré por mí mismo, Y mis ojos lo verán, y no otro, Aunque mi corazón desfallece dentro de mí». (Job 19:25-27)

La gracia de Dios en tu vida

1. A sus ciento treinta años, ¿cuál es el máximo deseo de Jacob?

2. Yendo hacia Egipto, Jacob recibe una visión de Dios en Beerseba. ¿Por qué tuvo esa visión? ¿Qué quería comunicarle Dios?

3. ¿Hemos de esperar tener visiones como Jacob? ¿De qué forma nos habla Dios?

4. Dios le promete a Jacob que José cerrará sus ojos, y que volverá a Canaán. ¿Volvió Jacob a Canaán?

5. Vuelve a leer Génesis 46:27. ¿Cuántas personas entraron en Egipto? ¿Quiénes eran? ¿Qué significado tiene este número? ¿De qué manera este censo tan especial nos dice que Dios cumple sus promesas?

6. Cuando Jacob sabe que José vive, dice *Basta, suficiente, estoy satisfecho.* ¿Estás tú satisfecho como Jacob? ¿Qué desea tu alma? ¿Qué te haría feliz?

7. Medita en las siguientes promesas de Dios para el creyente. Anota junto a cada una de ellas una breve oración expresando tu gratitud y tu certeza de que Dios las cumple y las cumplirá en ti.

    a. Isaías 25:8
    b. Mateo 28:19,20
    c. Lucas 11:9
    d. Juan 14:2,3

e. Romanos 8:38,39
f. Romanos 12:19
g. 1 Corintios 10:13
h. 2 Corintios 5:17
i. Filipenses 1:6
j. 1 Juan 1:9

13

OS HE COMPRADO HOY

Génesis 46:31-47:27

La vida de José está plagada de bellísimos contrastes. Es como contemplar una puesta de sol junto a un lago. Los tonos rojizos de las nubes, los montes nevados, los verdes llanos, y a su vez vemos todas esas imágenes reflejadas en el agua quieta como en un espejo. José pasó diecisiete años con su padre, y ahora su padre pasará diecisiete años con José. Cuando sus hermanos cenaban pan José suplicaba desde el pozo, y ahora que José está en el trono sus hermanos le suplican por pan. Cuando todos eran libres José fue comprado por precio, y ahora José es libre y compra a todos por precio. Pero en medio de los grandes contrastes de su historia, José sigue siendo el mismo. Su carácter y su sabiduría son constantes. José fue un hijo fiel sirviendo a su padre Jacob. José fue un siervo excelente en casa de Potifar, hasta el punto de estar sobre todas sus posesiones. También fue un preso confiable en la cárcel, estando a cargo de todos los demás presos. José fue un primer ministro maravilloso en casa de Faraón. Pero aún tenemos mucho que aprender de José, y si admiramos el paisaje de su vida todavía un poco más, veremos reflejos del evangelio que no queremos dejar de admirar.

En este episodio encontramos mucha sabiduría que podemos aplicar a nuestras vidas. En primer lugar, José nos enseña la importancia de velar por nuestros seres queridos. En estos versos vemos la manera cuidadosa en la que José prepara a sus hermanos para su encuentro con Faraón. Les adelanta las preguntas que el rey pudiera hacerles, y vela por sus necesidades materiales. José desea que el señor de Egipto vea que son personas honradas y trabajadoras dispuestas a esforzarse por el bienestar del país. A Faraón le parece bien que los hermanos de José se queden a vivir en la tierra de Gosén, una tierra de verdes pastizales para apacentar sus ovejas. ¡Qué contradicción tan grande si José se hubiera ocupado de los negocios del Estado, pero hubiera descuidado a su propia familia! De la misma manera, provee tú también primero para los tuyos, porque eso agrada al Señor. Leemos en la Escritura que «si alguno no provee para los suyos, y mayormente para los de su casa, ha negado la fe, y es peor que un incrédulo».[230] ¿Acaso los incrédulos no proveen para los suyos? ¡Cuánto más deben hacerlo los creyentes! Provee primero para tu esposa, tus hijos, tus padres, tus hermanos, y todos aquellos que tienes cerca. Provee en lo material y lo espiritual. En sus cartas el apóstol Pablo da instrucciones a Timoteo sobre cómo ayudar a las viudas, y escribe: «Honra a las viudas que en verdad los son. Pero si alguna viuda tiene hijos, o nietos, aprendan éstos primero a ser piadosos para con su propia familia, y a recompensar a sus padres; porque esto es lo bueno y agradable delante de Dios».[231] Las buenas obras del verdadero cristiano no pueden ser conocidas por las calles y desconocidas en el hogar. El que es servicial para los de afuera solo busca el aplauso de los hombres. El que es abnegado con los que tiene cerca, sabe que Dios ama la verdad en lo íntimo.[232]

En segundo lugar, José nos enseña que no hay trabajos más dignos que otros. El deseo de José era que sus hermanos continuaran pastoreando sus ovejas en Egipto, aunque «para los egipcios es abominación todo pastor de ovejas». Qué contradicción. La oveja era un animal inmundo para los egipcios, pero para los hebreos era el animal más digno. Lo que más valoraban los hebreos es lo que más despreciaban los egipcios. En principio esta distancia pudiera parecer una gran dificultad, pero a la larga las diferencias redundaron para el bien de la familia de José. Israel continuó así manteniendo su identidad como pueblo, preservando su lengua, sus costumbres, y su fe, a pesar de vivir rodeados de egipcios. De la misma manera, nosotros vivimos en este mundo como extranjeros y peregrinos. Somos residentes en una tierra extraña en la cual todo lo que tenemos como santo es para ellos despreciable. Somos raros. Diferentes. Pero esa ciudadanía celestial es lo que nos mueve a congregarnos, a exhortarnos, a fortalecernos mutuamente, y a seguir creciendo como pueblo de Dios. Israel estuvo en Egipto hasta que vino Moisés, uno como José. Un príncipe hebreo y egipcio a la vez, cuya doble identidad será usada por Dios para llevar a su pueblo hacia la Tierra Prometida. Así nosotros, la Iglesia del Señor, prevalecemos como embajada del cielo en la tierra esperando a nuestro Moisés celestial. Jesús el Cristo, hombre y Dios, cuya doble naturaleza le permitió pagar con sangre nuestro rescate y prepararnos lugar en nuestra patria eterna.

Pastorear ovejas era algo mal visto por los egipcios, pero honorable para Dios. Considera tu ocupación desde la perspectiva divina y no des tanto peso a la opinión del mundo. Si te dedicas a algo digno para proveer para los tuyos, entonces tu trabajo es santo. Dios estaba con José administrando los bienes de Faraón. Dios estaba con Daniel en el palacio de Babilonia. Dios estaba con Pablo fabricando tiendas. Dios estaba con Lidia vendiendo púrpura. Dios estaba con Rut recogiendo espigas. Dios estaba con Lucas atendiendo enfermos. Dios estaba con los hermanos de José pastoreando en la tierra de Gosén. ¡Sí! Dios está también contigo en la fábrica, en el despacho, en el mercado, en tus viajes, con las tareas de la casa, con tus exámenes. No hay profesiones más dignas ni más espirituales que otras. La diferencia está en tu corazón. Lo que hagas, hazlo con excelencia y para la gloria de Dios.

En tercer lugar, José nos enseña a amar la integridad y amar nuestro trabajo. José era un verdadero líder. Creativo, emprendedor, humilde, osado, valiente, inteligente. Él tuvo en sus manos un poder inmenso, pero no abusó de él en ningún momento. Después de la crisis, nadie descubrió que José tuviera una cuenta bancaria en Suiza, o que se hubiera comprado una islita en el Caribe. José fue un político honrado. Un buen administrador ante los ojos de Dios. Sus hermanos tampoco vinieron a él pidiéndole algún empleo fácil en el gobierno, o en el ayuntamiento. ¡No! José les dio a sus hermanos tierra para pastorear a sus ovejas, porque el trabajo dignifica. Observa el pasaje entero. ¡El país se halla en una grave crisis económica y sin embargo todo el mundo trabaja! José no solo ama la integridad en el trabajo, ama el trabajo en sí mismo. El trabajo no es malo. Dios trabajó en la creación, y el séptimo día descansó.[233] Jesús dijo: «Mi Padre hasta ahora trabaja, y yo trabajo».[234] Dios creó a Adán y lo puso en el Edén «para que lo labrara y lo guardase».[235] El trabajo es hermoso, es estimulante. Fue a causa de nuestro pecado que la tierra produjo espinos y cardos y el trabajo se convirtió en algo arduo, pero hemos de amar el trabajo y dedicarnos a nuestra profesión con excelencia porque fuimos creados para dar gloria a Dios trabajando.[236]

El trabajo fue creado por Dios y dignifica a las personas, pero muchos huyen del trabajo. La gente desea trabajar lo mínimo cobrando lo máximo. El que compra lotería sueña con recibir un suculento premio que le permita no trabajar nunca más en su vida. Pero los hijos de Dios trabajan, trabajan bien, y aman el trabajo. Tú mira el ejemplo de José. Huye de la pereza. Huye de la picaresca. Huye del fraude. Trabaja, y trabaja duro, para la gloria del Señor. Y si estás ahora sin trabajo por las circunstancias que sean, necesitas comprender que tu trabajo es ahora buscar trabajo. Si alguna circunstancia de salud te impide trabajar, sirve a tu familia y a tu iglesia en lo que puedas y como puedas. Si estás jubilado, pero tienes energía, habla con los diáconos para que te encarguen tareas en las que puedas servir a tus hermanos y glorificar a Dios con tu esfuerzo. ¡Hemos sido creados para trabajar! Y «si alguno no quiere trabajar, tampoco coma».[237]

En cuarto lugar, de José aprendemos que Dios obra a través de Egipto. Dios procura el bien de su pueblo Israel, pero no envía ángeles a servirles pan, más bien usa a Egipto para ello. Es cierto que en el Éxodo Dios hizo caer pan del cielo, pero por lo general lo hace crecer del suelo. Quizá estés esperando que Dios provea para tus necesidades de una forma milagrosa, cuando lo más probable es que Dios use medios comunes. Dios usó un gran pez para salvar la vida de Jonás y guiarle a su misión. Dios usa al poderoso Egipto para rescatar a Israel de la muerte y conducir sus pasos de nuevo hacia Canaán. Dios es poderoso para usar lo más ordinario para llevar a cabo sus planes extraordinarios.

Después de la conversación con los hermanos de José, Jacob y Faraón se saludan, y sucede algo sorprendente: «José introdujo a Jacob su padre, y lo presentó delante de Faraón; y Jacob bendijo a Faraón».[238] ¡Jacob bendijo a Faraón! Recordemos que Faraón es el líder político y religioso de la nación más poderosa de la tierra. Aun así, es Jacob quien bendice a Faraón. Sin duda el menor es bendecido por el mayor, y en este instante, Jacob es superior a Faraón porque el Dios de Israel es superior a los dioses de Egipto.[239] Jacob está agradecido por la misericordia y la bondad de Dios mostrada a través de Faraón, y por eso ora por él y pide la bendición de Dios para su vida. Dios bendijo a Israel cuando bendijo a Egipto. La Palabra nos enseña que hemos de orar por nuestras autoridades, «porque no hay autoridad sino de parte de Dios, y las que hay, por Dios han sido establecidas».[240] Hemos de orar y bendecir a nuestros superiores. Por lo tanto, ora por tu jefe, por tus profesores, por el presidente, por el rey, por el alcalde. Podemos ofrecerle al mundo mucho más de lo que el mundo nos quiere ofrecer. Jacob bendijo a Faraón. No dejes que te cautiven las riquezas y el poder de Egipto, porque el mundo no nos ha de bendecir a nosotros; somos nosotros quienes hemos de bendecir al mundo.

En quinto lugar, José es un modelo para nosotros en su servicio al pueblo. La situación es apremiante. No hay comida, y solo José tiene alimento. Toda la gente de Egipto vino a José para comprar grano. Al principio, José vendió el grano por dinero, pero pronto se agotó el dinero y empezó a canjear pan a cambio de los animales. El ganado acabó siendo también propiedad de Faraón, y el pueblo de Egipto vino entonces ante José y le suplicó diciendo: «Cómpranos a nosotros y a nuestra tierra por pan, y seremos nosotros y nuestra tierra siervos de Faraón».[241] A cambio de pan, José compró las tierras, compró las personas, y compró todo el Imperio de Egipto. Ahora todo pertenece a Faraón. Alguien pudiera aquí objetar diciendo que José se ha convertido en un dictador, que aprovechándose de la necesidad ha dejado a la clase obrera sin nada. Pero este no es el caso. José tomó control de todo el país, pero es bueno para Egipto que sea José quien tome el control. Si en vez de José estuviera allí Mussolini, Stalin o Nerón no podríamos decir lo mismo. Capitalismo, comunismo… ningún sistema es bueno mientras el corazón del hombre sea malo. Pero el corazón de José es bueno, y lo que José decida es lo que el pueblo necesita para poder subsistir. José vendió el grano hasta comprar todo el país. Pero después, cuando todo era ya de José, entregó a la gente tierras para cultivar, semillas para sembrar y pan para comer. José anunció al pueblo: «He aquí os he comprado hoy, a vosotros, y a vuestra tierra, para Faraón; ved aquí semilla, y sembraréis la tierra».

Recuerdo un vecino que me explicaba lo angustiado que estaba porque su pequeña empresa estaba a punto de quebrar. No podía pagar las facturas, ni cubrir el sueldo de sus trabajadores. No podía dormir tranquilo. Un día me lo encontré y me explicó sonriente que se había salvado de la calamidad. «¿Cómo?» —le pregunte— «¡Una empresa grande ha comprado la mía!» —me dijo— «¡Qué descanso! ¡Ahora trabajo para otro!». ¡Increíble! Así sucede con José. Todo es de José, y José da descanso a todos. Todo es de José, pero José no abandonó al pueblo a su suerte. Les dio trabajo, alimento y un futuro. Haciéndose con todo, rescató a todos. Por eso los egipcios exclamaron: «La vida nos has dado; hallaremos gracia en ojos de nuestro señor, y seamos siervos de Faraón».[242]

En sexto lugar, José nos recuerda que todo es de Dios y nada es nuestro. Si algo tenemos, es gracias a Él. Debemos orar siempre «el pan nuestro de cada día, dánoslo hoy».[243] Todos seguimos vivos por la misericordia de Dios, aún los incrédulos que no le reconocen. No pienses que eres fuerte por ti mismo. Tu casa, tu trabajo, tu salud, todo es un don de Dios, y en cualquier momento pudieras estar diciendo junto a Job: «Jehová dio y Jehová quitó; sea el nombre de Jehová bendito».[244] Faraón era el hombre más poderoso sobre la tierra; sin embargo tembló cuando vio en un sueño esas siete vacas flacas. Imita la actitud de Jacob. Cuando Faraón le pregunta por su edad, él responde: «Los días de los años de mi peregrinación son ciento treinta años; pocos y malos han sido los días de los años de mi vida, y no han llegado a los días de los años de la vida de mis padres en los días de su peregrinación».[245] Jacob reconoce que a sus ciento treinta *añitos* no ha llegado a los ciento ochenta de su padre Isaac, ni a los ciento setenta y cinco de su abuelo Abraham. Es interesante que Jacob describa su vida como una «peregrinación», porque los santos del pasado se consideraban «extranjeros y peregrinos sobre la tierra».[246] Que Dios te conceda que puedas ver tu vida desde la misma perspectiva, con la mira en la ciudad celestial. Si en verdad consideras tu vida una peregrinación por esta tierra, todo lo material tendrá un valor relativo. Todo es de Dios, y todo lo que tienes es por pura gracia.

En séptimo lugar, la historia de José nos invita a dar a Dios lo que es de Dios. José proveyó al pueblo de Egipto de todo lo necesario: tierras, trabajo, semilla, alimento. Ahora todos trabajan para él. Los hombres podían labrar los campos y comer de ellos, pero la única condición era que de los frutos dieran el quinto a Faraón. El resto era para que ellos pudieran sembrar y dar de comer a sus familias. El gran reformador, Juan Calvino comentó sobre este pasaje:

«A los hombres, que estaban completamente destituidos de todo, y, en cierto sentido, exiliados, (José) los restituye en sus posesiones, en la más equitativa de las condiciones, para que ellos debieran pagar una quinta parte de la producción al rey. Se conoce que, anteriormente, en otros muchos lugares, los reyes habían demandado por ley el pago de los diezmos; pero que, en tiempos de guerra, doblaban este impuesto»[247]

José enriqueció al rey y a la nación, pero no oprimió al pueblo. José fue un político excepcional. Los egipcios entregaban a Faraón dos diezmos por causa de la urgencia de la crisis, como si estuvieran en tiempos de guerra. José tenía todo en su poder, y puso en manos de la gente los recursos del rey para su beneficio. ¿No es justo recibir a cambio una parte? ¿Quieres preguntarle a un egipcio a ver qué le parece el trato? Esto contestaría: *Todo es de Faraón. La tierra. Las semillas. Las casas. Nuestras vidas. Nos ha comprado por precio. Nos ha salvado de morir de hambre. Y ahora nos da tierras para que las sembremos y comamos y no muramos… ¿Cómo no vamos a darle dos diezmos cuando de todos modos todo es suyo? Le damos a él, pero él nos da aún más. Y aun lo que le damos, se lo damos porque él primero nos ha dado. Faraón no es nuestro opresor. Faraón es nuestro salvador, y Zafnat-panea su mano derecha.*

Tengamos nosotros la misma actitud hacia Cristo con nuestros diezmos y ofrendas. Si todo es suyo, si todo lo ha puesto en nuestras manos para que comamos, trabajemos, y sustentemos a nuestras familias, ¿cómo no vamos a darle a Él? Cuando le damos, le damos porque Él nos ha dado primero. Es cierto que los diezmos de Egipto eran un impuesto obligatorio, y nuestras ofrendas de hoy son voluntarias, pero también es voluntario orar y no por eso dejamos de hacerlo. Con nuestras posesiones expresamos nuestro amor y ciudadanía, porque el amor es generoso y la ciudadanía comprometida. Sin duda el uso del dinero refleja lo que tu corazón ama. Hay dinero para aquello que vemos importante, y las ofrendas expresan el tamaño de nuestra gratitud y lealtad al Señor. Como los egipcios ante José, hemos de reconocer ante Jesús que todo es suyo, y que incluso nuestras vidas están en sus manos. Demos con un espíritu gozoso, sabiendo que para poder dar hemos recibido primero. Estemos alegres porque el Señor ha provisto para nuestras vidas.

La ofrenda es una expresión de amor, pero también una expresión de dependencia. La inercia de nuestro corazón es atesorar para que no nos falte, pero el creyente es capaz de ofrendar porque confía en la provisión perfecta del Señor. Por eso la Palabra enseña: «Cada primer día de la semana cada uno de vosotros ponga aparte algo, según haya prosperado».[248] La ofrenda es parte de nuestro culto al Señor. Mucho más que un deber, es un privilegio. Como los cánticos, como las oraciones, como el testimonio. Expresa nuestro amor, nuestra intimidad, nuestra devoción, nuestra gratitud a un Dios poderoso que lo tiene todo, y es bondadoso para compartirlo todo. Con tus ofrendas estableces un diálogo espiritual con Dios en el cual le expresas que en Él encuentras tu reposo.

«Cada uno dé como propuso en su corazón: no con tristeza, ni por necesidad, porque Dios ama al dador alegre. Y poderoso es Dios para hacer que abunde en vosotros toda gracia, a fin de que, teniendo siempre en todas las cosas todo lo suficiente, abundéis para toda buena obra». (2 Corintios 9:7,8)

Zafnat-panea proveyó de todo lo necesario al pueblo egipcio, y ellos agradecidos le entregaban dos diezmos. ¡Qué paradoja tan grande estaba viendo Moisés mientras escribía todo esto! José, el gobernador hebreo, trató a los egipcios con justicia y equidad, dándoles tierras, pan, y un trabajo digno. Años después, un Faraón egipcio trató a los hebreos con injusticia y opresión; los hizo esclavos, los hundió en la miseria, y les dio un trabajo indigno. El pueblo egipcio necesitaba con urgencia un buen gobernante, y así vemos que sucede con nosotros. Somos parte de un pueblo necesitado de un líder bueno, de ese pueblo que ha sido comprado por precio que ahora sirve al Príncipe de los Cielos. Así como los egipcios necesitaban de un salvador que los librara de morir de hambre, nosotros estábamos sin esperanza y sin Dios en el mundo. Los egipcios no tenían pan para comer, y nosotros, sin Cristo, no teníamos alimento para nuestras almas. Los egipcios iban agotando sus recursos hasta quedarse sin nada y terminaron a merced de la misericordia de José. Nosotros también usamos nuestros recursos humanos para seguir adelante, pero pronto comprendemos que no tenemos nada más que ofrecerle a Cristo salvo nuestras propias almas. Cuando ya no tienes nada para darle, y tu necesidad sigue siendo inmensa, solo te queda rendirte ante Él y decirle: *¡Cómprame, Señor Jesús! ¡Cómprame o perezco!*

José fue para Egipto un salvador maravilloso. Un perfecto administrador, un príncipe bondadoso, un gobernador enviado por Dios. Para nosotros, Jesús es nuestra única salvación. Requeríamos de alguien excepcional que trajera salvación a este mundo perdido. Alguien único, el mismísimo Hijo eterno de Dios. Al igual que José, Jesús no era de aquí, pero vino en la providencia de Dios para traer vida a nuestras vidas. Solo a través de José había salvación. No había otra forma de escapar de la hambruna, así como hoy no hay otra forma de ser salvos de la condenación eterna fuera de Cristo. ¡Solo en Jesús!, «porque no hay otro nombre bajo el cielo, dado a los hombres, en que podamos ser salvos».[249] José enriqueció grandemente a Faraón salvando a todo el pueblo de Egipto, y Jesucristo dio toda la gloria al Padre salvando a su pueblo escogido.

Pero para obrar una salvación tan grande, José necesitaba ser señor de todo. Todo era de José. Tierras, grano, animales, incluso las personas eran suyas. José lo compró todo con el grano almacenado, un alimento que parecía no acabarse nunca, ¡un alimento superabundante! De la misma forma el Señor Jesucristo, para obrar una salvación tan gloriosa, debía ser Señor de todo. Cristo venció a la muerte, y por ello Dios también le exaltó hasta lo sumo, y le dio un nombre que es sobre todo nombre. Nuestro Salvador venció. Todas las cosas son suyas, «las que hay en los cielos y las que hay en la tierra, visibles e invisibles; sean tronos, sean dominios, sean principados, sean potestades; todo fue creado por medio de él y para él».[250] Jesucristo es Señor de todo, y Su gracia es superabundante. Su gracia nunca se agota. Su gracia es mayor que nuestra profunda necesidad.

Meditemos entonces en esto. Si todo es de Cristo, ¿cómo vas a presentarte delante de Él? Tú no tienes nada, pero Cristo lo tiene todo. ¿Cómo te vas a salvar? Si te acercas a Jesús con tu inteligencia, con tus buenas obras, con tu fe, entenderás que todo le pertenece a Él. Pero es precisamente, entonces, cuando comprendes que todo es de Cristo, que tienes verdadera esperanza de salvación. Cuando comprendes que todo es suyo, exclamas ¡gracias a Dios que todo es del Señor! Ven a Cristo. Sin nada. Con las manos vacías. Tan solo dile: *¡Cómprame, Señor! ¡Cómprame por pan!* Y Jesús te responderá: *Te he comprado. Con el precio de mi preciosa sangre, te he comprado.* Y entonces, al igual que el pueblo de Egipto clamaremos: *¡La vida nos has dado ¡Seamos siervos de Jesús para siempre!*

La gracia de Dios en tu vida

1. Lee 1 Timoteo 5:8. ¿De qué manera se ve este versículo reflejado en la vida de José? ¿Y en tu vida?
2. Lee 1 Corintios 10:31. ¿Cuál es la actitud de José frente al trabajo? ¿Hay trabajos más dignos que otros? ¿Cuál es tu trabajo actual? ¿Te gusta trabajar? A la luz de este capítulo, explica qué pensamientos necesitas cambiar respecto al trabajo.
3. Dios salvó a Israel de la hambruna usando a Egipto. Explica qué te enseña esto sobre la providencia de Dios. ¿Cómo puede suplir Dios para tus necesidades?
4. En nuestro relato «José bendijo a faraón», ¿qué comunica este hecho? ¿Cómo podemos nosotros bendecir al mundo?
5. José vende el grano a cambio de dinero, animales, tierras, y finalmente compra a las personas. ¿Es José un dictador? ¿Por qué?
6. En nuestra historia, todo era de José; pero el pueblo tenía todas las cosas y las utilizaba. Del mismo modo, todo lo que tenemos es de Dios, pero Él lo pone en nuestras manos. ¿Cómo debe impactar esta realidad en nuestras ofrendas?
7. Lee de nuevo 2 Corintios 9:7,8. ¿Cuál es tu actitud hacia la ofrenda? ¿En qué gastas el dinero? ¿Cómo refleja tu economía en dónde está tu corazón?
8. Lee Génesis 47:19 y 25. Escribe una oración dirigiendo esas mismas palabras al Señor. ¿Te ha comprado Jesús?

14

LA BENDICIÓN DE JACOB

Génesis 47:28-48:22

Meditando en este episodio del Génesis, recordamos las palabras del predicador cuando exhorta al joven a pensar en su Creador antes de que lleguen los días de la vejez, cuando los que guardan la casa temblarán, y los que miran por la ventana se oscurecerán.[251] Jacob es ya un anciano de ciento cuarenta y siete años. Sus ojos apenas ven, sus piernas flaquean, pero la fe de su juventud se mantiene en pie. Prepara su despedida con todos sus hijos, pero antes mantiene esta conversación privada con José. La relación entre Jacob y su hijo José es intensa y muy hermosa. José vivió bajo el cuidado de su padre Jacob tan solo diecisiete años, hasta que fue vendido como esclavo. Y ahora en Egipto es Jacob quien vive diecisiete años bajo el cuidado de José, hasta partir a la presencia del Señor. Un ejemplo más del honor que debemos mostrar a nuestros padres, devolviéndoles de algún modo el cuidado que nos brindaron cuando nosotros estábamos desvalidos. En este instante de su vida, Jacob ve que se acerca el momento de su muerte. Pero antes de partir, siente la necesidad de hablar sobre su entierro, su relación con José, y su relación con sus otros hijos.

Jacob hace venir a José y le hace jurar que no será enterrado en Egipto. Jacob desea regresar a Canaán, a la Tierra Prometida. Cuando Dios se le apareció en Beerseba le dijo que volvería de Egipto, y así iba a ser. Jacob regresaría a la tumba de sus padres en Macpela. Resulta peculiar pensar que Dios le había prometido a Jacob un pueblo numeroso y una tierra, la tierra de Canaán, pero en ese momento su única propiedad en Canaán era una tumba. La cueva que su abuelo Abraham compró por cuatrocientos siclos de plata para enterrar a su esposa Sara.[252] Allí, en Macpela, descansaban aquellos que habían oído la misma promesa, aquellos a quienes Dios dijera que tendrían un linaje como las estrellas del cielo, y una tierra donde habitar como nación. ¡Qué fe tan grande la de Jacob! Dios le había prometido una herencia de la cual solo tenía una tumba, pero sabía que esa tumba no era sino el principio del cumplimiento de todo lo que había prometido Dios. Qué fascinante parecido con las promesas en Cristo. Esperamos un reino eterno y una patria santa, y las promesas de Dios empiezan a encontrar respuesta mirando a una tumba, la tumba de Cristo.

Jacob hace jurar a José que al fallecer lo llevará a Macpela, y para confirmar su compromiso, José pone su mano bajo el muslo de Jacob como señal de solemne juramento. «Y José respondió: Haré como tú dices. E Israel dijo: Júramelo. Y José le juró. Entonces Israel se inclinó sobre la cabecera de la cama».[253] Solo después que José confirma el juramento, Jacob se recuesta de nuevo en paz. En una segunda conversación, José escucha que su padre está muy enfermo y tomando a sus dos hijos, Efraín y Manasés, van a verle. Jacob hace un gran esfuerzo y se incorpora en su cama para poder recibir a José sentado en su lecho. Al llegar su hijo y sus nietos, es hermoso observar que el deseo de este anciano es hablarles de Dios. Lo más importante en el corazón de Jacob es Dios:

> «El Dios Omnipotente me apareció en Luz en la tierra de Canaán, y me bendijo, y me dijo: He aquí yo te haré crecer, y te multiplicaré, y te pondré por estirpe de naciones; y daré esta tierra a tu descendencia después de ti por heredad perpetua».
> (Génesis 48:3,4)

Jacob quiere que José escuche una última vez lo importante que son las promesas de Dios. Le recuerda que Dios se le había aparecido en *Luz*, el nombre antiguo de *Bet-El*, y allí Dios lo bendijo.[254] Dios aseguró a Jacob que su familia crecería, que de él saldrían muchas naciones, y que recibiría aquella tierra por herencia para siempre. Es fabuloso ver que las últimas palabras de un padre a un hijo no son para hablar sobre temas banales. Jacob ya tenía su mirada puesta en el cielo, y habla con José sobre lo más importante en esta vida: Dios habló, y hemos de recordar sus palabras. Dios siempre cumple sus promesas, y aunque ahora aún no las podamos ver cumplidas, Dios es veraz.

Si hacemos memoria, recordaremos que la primera vez que Jacob habló de Dios fue para mentir a su padre Isaac. Jacob le robó la primogenitura a su hermano Esaú, ayudado por su madre Rebeca. Se puso pieles de cabras en los brazos y en el cuello, y se hizo pasar por el peludo de su hermano aprovechando que su padre Isaac era ya mayor y había perdido la vista.[255] Jacob se acercó a Isaac para recibir su bendición, trayéndole un guiso hecho con la caza de aquel día, y al preguntarle su padre: «Cómo es que la hallaste tan pronto, hijo mío?», Jacob le respondió: «Porque Jehová tu Dios hizo que la encontrase delante de mí». ¡Mentiroso Jacob! ¡Engañando a su anciano padre ciego! ¡Y mencionando a Dios en su mentira! Jacob había sido un embustero. Su nombre significa literalmente *suplantador*. Pero ahora es Israel, *el que lucha con Dios*. Antes era mundano y orgulloso; pero ahora Dios ha transformado su corazón y sus labios hablan verdad. En su lecho de muerte, Jacob le recuerda a José las grandes promesas de Dios. Su Dios no es un dios cualquiera. ¡Es *El-Shaddai*, el Omnipotente! El único poderoso para prometer y cumplir lo prometido. Tenemos ante nosotros a otro Jacob. Ahora él es el anciano ciego, y su hijo José es quien se acerca para recibir su bendición. Ahora no hay trampas. No hay mentiras. Jacob ya no menciona a Dios para engañar a su padre, sino para bendecir a sus hijos. ¡Cuánta gracia tuvo Dios con Israel! ¡Y cuánta gracia puede tener Dios para contigo! Aunque toda tu vida hayas sido un Jacob, embustero y estafador. ¡Endereza hoy tus pasos delante de Dios, y te encontrarás un día bendiciendo a tus hijos y hablándoles de la grandeza del Salvador! ¿Quién dijo que de padres malos vienen hijos peores? Tú y yo podemos ser como José, aunque nuestros padres hayan sido como Jacob, y nuestros hijos pueden ser como José, aunque tú y yo hayamos sido como Jacob. Dios no está limitado por nuestra historia. Por muy triste que haya sido tu pasado, Su gracia es mayor.

Esta entrañable escena entre Jacob y José debe hacernos pensar en el legado espiritual que vamos a dejar. Puedes dejarles a tus hijos una buena educación, mucho dinero en el banco, una casa en la montaña, pero todo eso puede desaparecer en un instante. Nada durará más allá de esta vida. Solo la herencia de la fe tiene un valor eterno. Recuérdales a tus hijos la Palabra de Dios, las promesas del Señor, para que crezcan en su fe y tengan la misma esperanza que tú tienes. ¡Pero hazlo tú! Tal y como Jacob hizo con José, sentado en su cama. No esperes a que sean los pastores o los maestros los que compartan con tus hijos el evangelio. Como Jacob, transmite tú el legado de la fe a la siguiente generación.

José visita a su padre enfermo, y lleva consigo a sus dos hijos, Manasés y Efraín. En ese instante Jacob nos sorprende haciendo algo que Dios había anunciado, y literalmente le dice a José: «Y ahora tus dos hijos Efraín y Manasés, que te nacieron en la tierra de Egipto, antes que viniese a ti a la tierra de Egipto, míos son».[256] ¡Jacob se los apropia! ¡Jacob decide quedarse con los dos hijos de José! Los está adoptando como hijos propios, de manera que Efraín y Manasés tengan cada uno una porción de la Tierra Prometida. Jacob declaró: «Como Rubén y Simeón, serán míos. Y los que después de ellos has engendrado, serán tuyos; por el nombre de sus hermanos serán llamados en sus heredades».[257] Era costumbre en aquella época que el primogénito tuviera una parte mayor en todo, y Jacob está tratando a los hijos de José como si él fuera el primogénito al recibir doble porción de bendición. Los hijos que luego le nacieran a José no tendrían tribu propia, sino que se añadirían a Efraín y a Manasés, «por el nombre de sus hermanos serán llamados». Los hermanos de José se oponían a que José fuera el preferido de su padre. Pero a pesar de ello, los planes de Dios se cumplen a la perfección. Los hijos de José son contados como herederos de la Tierra Prometida y sumados a las tribus de Israel.

A través de sus ojos entornados por la edad, Jacob contempla el rostro de su hijo José, y debió de recordar a su amada Raquel. Si su única esposa hubiera sido Raquel, su primogénito hubiera sido José. Jacob mira a José y recuerda a Raquel declarando: «Se me murió Raquel en la tierra de Canaán, en el camino, como media legua de tierra viniendo a Efrata; y la sepulté allí en el camino de Efrata, que es Belén».[258] Luego de perder a Raquel y a José, Jacob quedó desconsolado. Para él era un sueño poder ver de nuevo el rostro de José. Pero Dios le dio un gozo aún mayor, pues no solo vio a su hijo, sino a los hijos de su hijo: «No pensaba yo ver tu rostro, y he aquí Dios me ha hecho ver también a tu descendencia».[259] Así suele Dios obrar. Nos da mucho más de lo que pedimos o entendemos. Vemos ahora a Jacob bendiciendo a sus dos nietos, hijos de José. ¡Algo que nunca hubiera podido soñar!

Sería muy fácil pasar por alto este evento en la vida de Jacob como si fuera un acto de poca importancia. Sin embargo, este momento queda registrado en las Escrituras como el acto de fe más emblemático de su vida. El autor de Hebreos nos habla de la rebeldía de aquellos que abandonan la fe, y nos exhorta a continuar firmes en toda circunstancia: «Mantengamos firme, sin fluctuar, la profesión de nuestra esperanza, porque fiel es el que prometió».[260] Nos asevera además que la fe verdadera es una fe constante: «No perdáis, pues, vuestra confianza, que tiene grande galardón; porque os es necesaria la paciencia, para que, habiendo hecho la voluntad de Dios, obtengáis la promesa».[261] Estas grandes verdades sirven de preludio al capítulo de los grandes héroes de la fe. «Es, pues, la fe la certeza de lo que se espera, la convicción de lo que no se ve».[262] Entre los grandes ejemplos de los santos del pasado encontramos a muchos que tuvieron fe en las promesas de Dios, y esperaron sin haber visto la respuesta. Al llegar al testimonio de Jacob, el autor de Hebreos no menciona su encuentro con Dios en Betel, ni su lucha con el Ángel en Peniel, ni el ganado que se multiplicaba en casa de Labán su suegro. Hebreos declara: «Por la fe Jacob, al morir, bendijo a cada uno de los hijos de José, y adoró apoyado sobre el extremo de su bordón».[263] ¡Por la fe Jacob bendice a los hijos de José! En apariencia no se trata de algo espectacular, pero se cita como un ejemplo vivo de lo que es la fe perseverante. Jacob, para poder caminar se apoya en su bordón, en su bastón. Está prácticamente ciego, enfermo y muy anciano. A pesar de su edad y su condición no se olvida de Dios, y sabe que Dios no se ha olvidado de él. Al contrario, estando ya casi muerto, pone sus manos sobre los hijos de José y los bendice con la certeza de que Dios va a hacer lo que ha prometido. ¡Dios va a darles una tierra y ahora Jacob entrega a sus nietos su parte de una herencia que aún no ha recibido! Jacob sabe que la Palabra de Dios siempre se cumple, y vive hasta el final con una fe indestructible.

Israel declara que José es su primogénito y bendice a los hijos de José como sus propios hijos, pero ¿cuál de ellos ha de ser el primero? ¿Efraín o Manasés? Siendo muy anciano, necesita preguntarle a José: «¿Quienes son estos?», a lo que José responde con paciencia: «Son mis hijos, que Dios me ha dado aquí». Jacob apenas los ve, y pide entonces que los niños se acerquen a Él para bendecirlos. No sabemos qué edades tenían los hijos de José, pero debían ser pequeños aún porque se nos dice que José «los sacó de entre sus rodillas». Jacob estaba sentado en su cama. José se acercó, y arrodillado delante de su padre, tomó a sus dos niños en el regazo, uno a cada lado. El texto dice claramente que «tomó José a ambos, Efraín a su derecha, a la izquierda de Israel, y Manasés a su izquierda, a la derecha de Israel; y los acercó a él». José sabe que su padre Jacob no ve bien y no quiere que se confunda. La bendición mayor corresponde a Manasés, el primogénito, y por tanto debe ser bendecido con la mano derecha de Jacob.[264]

José conoce muy bien la historia familiar. Su tío Esaú había perseguido a su padre Jacob durante mucho tiempo con la intención de matarlo, porque Jacob había recibido la bendición a pesar de ser el pequeño. Sus propios hermanos también habían tenido celos de él hasta el punto de maltratarlo y venderlo como esclavo. José no quería que hubiera entre sus hijos esa rivalidad que tristemente caracterizaba su historia familiar. Así que la mano derecha de Jacob ha de estar sobre la cabeza de Manasés, el mayor, y la mano izquierda sobre la cabeza de Efraín, el menor. Jacob se dispone a bendecirlos. Pero cuál es la sorpresa de José, cuando ve que su padre cruza los brazos poniendo la mano derecha sobre Efraín, y la izquierda sobre Manasés. Entonces Jacob inicia su oración de bendición, y mientras hablaba, la preocupación en el corazón de José iba creciendo.

«... El Dios en cuya presencia anduvieron mis padres Abraham e Isaac, el Dios que me mantiene desde que yo soy hasta este día, el Ángel que me liberta de todo mal, bendiga a estos jóvenes; y sea perpetuado en ellos mi nombre, y el nombre de mis padres Abraham e Isaac, y multiplíquense en gran manera en medio de la tierra...». (Génesis 48:15,16)

José se siente muy incómodo, hasta el punto de agarrar la mano derecha de su padre para cambiarla de la cabeza de Efraín a la cabeza de Manasés. *¡No padre, no es así, la mano derecha debe ir sobre Manasés y la estás poniendo sobre Efraín!* Pero Jacob confirma que sabe lo que está haciendo: «Lo sé, hijo mío, lo sé; también él vendrá a ser un pueblo, y será también engrandecido; pero su hermano menor será más grande que él, y su descendencia formará multitud de naciones».[265] Esta no es una bendición cualquiera. No se trata simplemente de expresar unos buenos deseos para la vida de cada uno de sus nietos. Es una auténtica profecía de parte de Dios. Jacob no está actuando de manera caprichosa. Dios ha escogido a Efraín para recibir mayores bendiciones. Una vez más, Dios ha escogido al menor, y Dios hará que el mayor sirva al menor. El pasaje empieza hablando de «Manasés y Efraín», pero de inmediato cambia a «Efraín y Manasés», y así será en el resto de las Escrituras y el resto de la historia de Israel.[266]

La voluntad de Dios es diferente a la voluntad de los hombres. Los planes de Dios son diferentes a nuestros planes. El Señor nos recuerda una y otra vez que, «como son más altos los cielos que la tierra, así son mis caminos más altos que vuestros caminos, y mis pensamientos más que vuestros pensamientos».[267] Dios afirma que los primeros serán los últimos y los últimos los primeros, que el que quiera ser el mayor debe servir a los demás, y de una forma visible Dios bendice al menor antes que al mayor. Dios escogió a Abel antes que a Caín, escogió a Isaac antes que a Ismael, escogió a Jacob antes que a Esaú, escogió a José antes que a Rubén, escogió a Moisés antes que a Aarón, y escogió al joven David antes que a cualquiera de sus siete hermanos. El Altísimo no sigue las reglas de los hombres. Dios bendijo a Efraín por encima de Manasés cuando aún eran niños. No es cuestión de méritos, es cuestión de soberanía. Dios obra así para mostrarnos que no hay razón alguna para gloriarnos en la carne cuando Dios muestra su favor para con nosotros. ¡Más aún! Dios prefiere escoger a lo necio del mundo para avergonzar a los sabios, y lo débil del mundo para avergonzar a lo fuerte.[268] ¿Quiénes somos nosotros para altercar con Dios y decirle que no hace bien las cosas, o que se equivoca al escoger a unos y a otros no? ¿Cómo podemos decir que no hace bien en poner a Jacob sobre Esaú, a José sobre Rubén, o a Efraín sobre Manasés? ¡Si Dios hace todo lo que quiere por su divino poder! ¿Habría de guiarse Dios por nuestros criterios? ¿Por las apariencias? ¿Por los méritos? ¿Por la edad? ¿Por la belleza? ¿Por la buena conducta?

Esto es precisamente lo que Dios ha hecho contigo. Dios el Padre tenía a su derecha a su Hijo primogénito, a su Hijo amado, Jesucristo. No hay nadie tan obediente como Jesús. Él llevó a cabo perfectamente la voluntad de Su Padre celestial. Su gloria es más brillante que el sol y sus palabras más dulces que la miel. No hay ninguno igual en perfección. No hay en Él defecto ni mancha alguna. No hay en Él ninguna falta en obras, pensamientos o intenciones. El Padre declaró acerca de Él: «Este es mi hijo amado en quien tengo complacencia». Nadie es tan precioso como Cristo. Pero, por otro lado, estás tú. Desobediente. Rebelde. Tu corazón no es perfecto ante el Padre celestial. Llevas en la sangre el pecado de Adán y Eva. Estás destituido de la gloria de Dios. No mereces el favor del cielo, y por tus méritos te corresponde tan solo en el castigo eterno. Caminas cargado de injusticias, infidelidades, mentiras, orgullo y envidias. Sabes que está manchado tu corazón, tu mente, tus manos, tus labios, y entiendes que sin santidad nadie verá a Dios. Y entonces Dios el Padre extiende sus brazos. Va a expresar su perfecta voluntad. Los ángeles contienen el aliento esperando ver cómo su mano derecha descansa sobre Su Hijo Jesucristo, y la izquierda sobre ti. Pero Dios, en su infinita gracia, extiende sus brazos y los cruza. Su mano izquierda desciende sobre la cabeza de Cristo y su mano derecha se posa sobre ti. Nuestro Padre celestial hizo como Jacob. Puso su mano derecha sobre aquel que no lo merecía. Dios, en la cruz, cruzó sus brazos. Tu maldición cayó sobre Cristo y todas las bendiciones eternas cayeron sobre ti. Te ha hecho heredero de todo aquello que le pertenecía por derecho propio. Su santidad es tuya, Su justicia es tuya, Su fidelidad es tuya, Su perfección es tuya. Por pura gracia, fuiste adoptado en Su familia, lavado de tus culpas, rescatado del infierno, y hecho ciudadano de la ciudad celestial. Por pura gracia todo lo que Cristo *es*, ahora tú lo *eres* también. Por pura gracia caen sobre Él todos tus delitos, y te es dado por completo todo aquello que solo Cristo merecía.

Esta sección termina con las palabras de Jacob expresando su fe:

«He aquí yo muero; pero Dios estará con vosotros, y os hará volver a la tierra de vuestros padres. Y yo te he dado a ti una parte más que a tus hermanos, la cual tomé yo de mano del amorreo con mi espada y con mi arco». (Génesis 48:21,22)

¡Qué fe la de Jacob! *Dios estará con vosotros. Dios os hará volver a Canaán.* La tierra que Jacob estaba otorgando como herencia era la tierra que Dios le había prometido. Dios se la había prometido, y aquello que Dios ha prometido se convierte en una posesión muy cierta. Así habla Jacob de la tierra que aún ha de ser conquistada, como si ya hubiera sido ganada en la batalla, «la cual tomé yo de mano del amorreo». Para Jacob todo lo que Dios ha prometido es una realidad. Ya posee la tierra. Ya la ha conquistado con su arco. Ya la ha arrebatado al enemigo con su mano.

Abracemos también nosotros esta lección de fe. Vivamos como si todo lo que Dios nos ha prometido fuera ya una realidad. Él nos dijo que fue a preparar lugar para nosotros, y ya nos sentimos allí. Nos dijo que enjugaría toda lágrima, y ya disfrutamos de Su consuelo. Porque la Escritura dice que Dios «a los que predestinó, a éstos también llamó; y a los que llamó, a éstos también justificó; y a los que justificó, a éstos también glorificó», y si para Dios ya hemos sido glorificados y estamos sentados en el banquete celestial junto a Él, no tenemos por qué dudar de sus promesas.[269] Da gracias a Dios que por pura gracia vertió sobre ti las bendiciones que pertenecían tan solo a Su Hijo amado. Da gracias a Dios que por pura gracia puedes vivir por fe a la luz de todo lo que Dios ha hecho contigo. Da gracias a Dios que por pura gracia el Padre quiso cruzar los brazos y puso sobre ti la diestra de su bendición. A veces nuestra fe flaquea, nuestros pies se hunden, y las olas inspiran temor. Pero a pesar de nuestras grandes dudas, Dios afirma nuestros pasos, porque Su gracia es mayor.

La gracia de Dios en tu vida

1. ¿Qué es lo que Jacob le pide a José que haga cuando haya muerto?
2. Aunque ya está muy anciano, Jacob le recuerda a José una vez más las promesas de Dios. ¿Qué nos enseña este hecho sobre la transmisión de la fe? ¿De quién es responsabilidad enseñar la fe? ¿A quién estás tú enseñando la fe?
3. ¿Por qué Jacob dice que los hijos de José son suyos? ¿Qué quiere decir que Efraín y Manasés «míos son»? ¿Qué implicaciones tiene?
4. Vuelve a leer Hebreos 11:21. ¿Por qué el autor de Hebreos menciona este episodio como un ejemplo de la fe de Jacob?
5. ¿De qué manera expresa la fe de Jacob su última expresión, cuando se refiere a la Tierra Prometida como aquella «la cual tomé yo de la mano del amorreo con mi espada y con mi arco»?
6. José puso a sus hijos frente a Jacob, ¿y qué hace Jacob en el momento de darles la bendición? ¿Por qué intenta impedirlo José?
7. ¿De qué forma la bendición de Jacob apunta hacia el evangelio del Señor Jesucristo? ¿De qué manera representa lo que Dios el Padre hace con nosotros?
8. Si Cristo ha ocupado tu lugar, y tú el de Cristo, ¿cómo has de vivir ahora?
9. Escribe una oración de gratitud a Dios por Su bendición.

15

RAMA FRUCTÍFERA ES JOSÉ

Génesis 49

Todos hemos de partir a la presencia del Señor, pero hay muchas maneras de dejar esta vida, y muchas maneras de despedirse. De entre todas las maneras no puedo imaginar una más deseable que la muerte de Jacob. A la edad de ciento cuarenta y siete años, y rodeado de sus hijos, Jacob se despide para reunirse con sus padres, saboreando el cumplimiento de las promesas de Dios. El Señor le había prometido que su descendencia sería un gran pueblo y que volvería a la tierra de Canaán, y en su último suspiro rodean su lecho sus doce hijos y le prometen de nuevo que llevarán a Macpela su cuerpo.[270] En un momento de tanta debilidad, son pocas las personas capaces de hablar, pero el Señor le concede a Jacob la entereza y serenidad para pronunciar un mensaje memorable. Qué bendición poder tener esta claridad de pensamiento hasta el final. Pero las palabras de Jacob son mucho más que una despedida. Son mucho más que una serie de buenos deseos para sus hijos. Aunque en cada caso presenta una descripción detallada de la vida de cada uno de ellos, Jacob está en realidad profetizando de parte de Dios: «Y llamó Jacob a sus hijos, y dijo: Juntaos, y os declararé lo que os ha de acontecer en los días venideros. Juntaos y oíd, hijos de Jacob, Y escuchad a vuestro padre Israel».[271]

Centraremos nuestra atención en José, pero debemos detenernos por un instante en el mensaje profético de Jacob a sus otros hijos. Jacob empieza por los hijos de Lea, por *Rubén* el primogénito. Rubén debiera de haber sido «principal en dignidad, principal en poder» por su lugar entre sus hermanos. Debiera de haber sido un ejemplo para todos; sin embargo fue «impetuoso como las aguas». Así como las aguas bajan con fuerza y no sabes a dónde van, Rubén se dejó llevar por sus impulsos caprichosos y sus deseos carnales. Era sabido de toda la familia que había pecado acostándose con Bilha, esposa de su padre, y de ahí la mención a subir al lecho de su padre.[272] Por su pecado y su osadía Rubén perdió su primogenitura.[273]

Las palabras hacia *Simeón* y *Leví* también son de reproche por no haber controlado sus deseos de venganza.[274] Recordemos que su hermana Dina fue violada por el príncipe de Siquem. Los hijos de Jacob se enfurecieron tanto, que con palabras engañosas hicieron creer al príncipe que podría casarse con Dina si todos los hombres de la ciudad se circuncidaban para congraciarse con los israelitas. Al tercer día después de la circuncisión, cuando más doloridos estaban los hombres de Siquem, Simeón y Leví entraron en la ciudad y mataron a todos a filo de espada.[275] Teniendo ese episodio en mente, Jacob exclama «maldito su furor» y «los esparciré en Israel». En efecto, Simeón y Leví fueron esparcidos entre sus hermanos. La tribu de Leví no tuvo territorio en Canaán porque se dedicaron al sacerdocio, y la tribu de Simeón fue añadida a la tribu de Judá tal como se describe en el libro de Josué.[276]

Judá tampoco está exento de pecados y defectos. Jacob pudiera haber mencionado ese triste episodio en el que Judá no quiso darle su tercer hijo a su nuera Tamar, y luego buscó una prostituta, y de qué manera Tamar disfrazada de ramera quedó embarazada de su suegro para poder tener descendencia.[277] Pero de Judá había de venir el Mesías, y por esta razón Jacob describe en mayor detalle el futuro glorioso de esta tribu. Judá habrá de ser «alabado» por sus hermanos, haciendo así honor a su nombre, «alabado». La tribu de Judá iba a prevalecer. Todas las demás tribus se iban a revelar contra el reinado del rey David, pero Judá permanecería fiel. En consecuencia, las tribus de Israel serían llevadas cautivas a Asiria y perderían su identidad, y solamente Judá permanecería en Canaán. Hasta el día de hoy, a los descendientes de Jacob los conocemos como «judíos», los descendientes de Judá.[278] El reino de Judá permanecería y sería fuerte «como un león», hasta que venga *Siloh*, «Aquel» a quien pertenece el cetro del poder. Esta es sin duda una clara referencia al Mesías que había de nacer en Belén de Judá.[279]

Jacob tiene también unas breves palabras sobre los dos últimos hijos de Lea. La profecía sobre *Zabulón* describe con mucha precisión la parte de tierra que le correspondería. Estaría junto al mar de Galilea y tendría puestos pesqueros.[280] En cuanto a *Isacar*, las palabras de Jacob recriminan su falta de valentía, al cambiar la comodidad de la tierra por el pago de los tributos a los pueblos vecinos. Isacar se vendió a cambio de paz y estabilidad.[281]

Con unas palabras dirigidas a los hijos de las siervas, Bilha y Zilpa, Jacob se refiere a sus cuatro hijos de una forma muy breve.[282] *Dan* es acusado de cobarde, pues, aunque su nombre significa «juez», no iba a ser capaz de combatir a sus enemigos abiertamente sino usando las artimañas de la serpiente, que se esconde y sorprende para morder al caballo en el talón. *Gad* también es advertido, porque sufriría dolores y ataques de sus enemigos, «mas él acometerá al fin», y Gad saldrá adelante. *Aser* no sufrirá escasez, sino que tendrá mucho pan e incluso abastecerá de pan al rey. Qué gran reto es permanecer humilde cuando nos persigue la abundancia y tenemos éxito en aquello que emprendemos. Este había de ser el gran reto de Aser, el recordar que quien le daba el pan para su sustento era Jehová el Rey del cielo. *Neftalí* no iba a encontrar su fuerza en las armas ni en la abundancia, sino más bien en la influencia de las palabras. Neftalí «pronunciará dichos hermosos», depositando su confianza en la política y la diplomacia.

Jacob termina su profecía refiriéndose a *José* y *Benjamín*, los dos menores, y los hijos de Raquel. En el caso de Benjamín sus palabras son poco halagüeñas: «Benjamín es lobo arrebatador; A la mañana comerá la presa, Y a la tarde repartirá los despojos».[283] Al igual que en los otros casos, estas palabras proféticas describen cuál iba a ser el carácter de la tribu de Benjamín, propensa al pillaje y al robo como estilo de vida. Con esto, todos los hijos de Jacob son reprendidos de alguna forma por su impaciencia, su violencia, su cobardía, su pereza, o su confianza en las armas, en la prosperidad, en las palabras, en el pillaje. Es en este contexto que las palabras dirigidas a José brillan aún con mayor intensidad. ¿Acaso ninguno de sus hijos iba a alegrar el corazón de Jacob? Sí. ¡José lo haría!

Las palabras proféticas sobre José le comparan con una rama que da fruto en abundancia.[284] «Rama fructífera es José, rama fructífera junto a una fuente...». El corazón de José no es como el de los demás hijos de Jacob. José no confía en sus propias fuerzas, sino que descansa en el Todopoderoso, y es comparado con un árbol frondoso como el que describe el profeta Jeremías al hablar del varón que confía en Jehová:

«Maldito el varón que confía en el hombre, y pone carne por su brazo, y su corazón se aparta de Jehová. Será como la retama en el desierto, y no verá cuando viene el bien, sino que morará en los sequedales en el desierto, en tierra despoblada y deshabitada. Bendito el varón que confía en Jehová, y cuya confianza es Jehová. Porque será como el árbol plantado junto a las aguas, que junto a la corriente echará sus raíces, y no verá cuando viene el calor, sino que su hoja estará verde; y en el año de sequía no se fatigará, ni dejará de dar fruto». (Jeremías 17:5-8)

Los hermanos de José eran como esa retama seca en el desierto. Habían puesto su confianza en sus propias fuerzas. Su esperanza estaba depositada en el hombre, y sus vidas habrían de perder su verdor. Pero José era como el árbol frondoso que no deja de dar fruto porque confía solamente en Jehová y recibe de su Dios todo el aliento necesario. A lo largo de las Escrituras el hombre que ama y teme al Señor es comparado a un árbol que da fruto en abundancia:

«Bienaventurado el varón que no anduvo en consejo de malos, Ni estuvo en camino de pecadores, ni en silla de escarnecedores se ha sentado; sino que en la ley de Jehová está su delicia, y en su ley medita de día y de noche. Será como árbol plantado junto a corrientes de aguas, que da su fruto en su tiempo, y su hoja no cae; y todo lo que hace, prosperará». (Salmos 1:1-3)

Así fue José. La profecía de su padre Jacob está anunciando todas las bendiciones posibles. José estuvo siempre junto a corrientes de aguas, junto a la Palabra del Señor, y estuvo siempre dando fruto allí donde la providencia de Dios lo condujo. José estuvo sirviendo con excelencia en la casa de Potifar, en la prisión, ante Faraón, y fue hecho primer ministro sobre todo el país. José estuvo rodeado de dificultades, de idolatría, de soledad, de mentiras, de traiciones, de envidias, de maldad, pero José no se lamentó ni se hundió en un pozo de desesperación. Tal como dice Jeremías, el árbol plantado junto a las aguas «no verá cuando viene el calor, sino que su hoja estará verde; y en el año de sequía no se fatigará, ni dejará de dar fruto». Aún en los días más calurosos del verano, el árbol verde sigue hermoso porque está plantado en el lugar correcto. De la misma manera, aún en la soledad, el abandono, la prueba, y el dolor, José continuó dando fruto abundante para la gloria de Dios porque estaba plantado junto a corrientes de agua; porque su corazón estaba firmemente enraizado al lado de ese río de agua fresca, ese río espiritual cuyo nombre es *Christós*.

¿Cuál es la situación en tu propia vida? Si sirves para agradar a los hombres y tus fuerzas están en ti, tu vida será como la retama en medio del desierto. Escucha a Jeremías. Acabarás seco como un abrojo, que incluso pierde la raíz y el viento lo zarandea de un lado a otro. Observa a Rubén, a Simeón, a Leví, a Judá… todos ellos confiaron en sus propias fuerzas, buscaron el favor de la gente, se refugiaron en el dinero, la abundancia, la política, y acabaron secos y sin verdor. Pero si tu anhelo es agradar a Dios, si tu alma vive *Coram Deo*, entonces tu corazón será como el de José, plantado junto al río *Christós,* y tu vida seguirá dando fruto sin importar cuán fuerte sea el calor. A nuestras vidas pueden venir enfermedades, persecuciones, dificultades, desprecios, sequía, pero aquel que en Jehová confía verá como el agua viva de Cristo sigue recorriendo sus venas para producir en él hojas verdes, flores blancas, y dulces frutos.

José no solo fue una «rama fructífera». Jacob proclama además que «sus vástagos se extienden sobre el muro». Su fruto no fue solo para él. Fue de bendición más allá de las fronteras de su vida. Cuando yo era niño, mis padres tenían un huerto al que íbamos a menudo. En el centro del huerto había un gran algarrobo, y cada año recogíamos las algarrobas para luego venderlas por un poco de dinero. Nuestro vecino también tenía un gran algarrobo, pero el suyo estaba tan cerca del muro que una parte de las algarrobas caían en nuestra parcela y, con su permiso, las recogíamos nosotros para venderlas. José es una rama fructífera, pero su fruto no cae solo en su parcela. Sus ramas crecen extendiéndose por encima del muro para ser de bendición mucho más allá. La Escritura explica claramente que, por causa de José, Dios bendijo la casa de Potifar el egipcio.[285] La vida de José fue de bendición para su padre, para sus hermanos, para toda la nación de Egipto, y para las naciones que vinieron a él buscando pan. Aún para nosotros, después de tantos siglos, la vida de José alimenta nuestras almas y nos encamina hacia Cristo. Del mismo modo, la vida de todos los que te rodean puede ser bendecida por tu causa. Todo lo que hacemos con nuestro propio corazón puede tener una onda expansiva de bendición. ¡Que tu vida sea como un árbol cargado de fruto cuyas ramas suben por el muro y aun bendice a aquellos que están al otro lado! Aun a quienes no conoces. También a los que estén lejos. Aun a los que han de nacer.

Es de señalar que siendo de tanta bendición, José fue aborrecido. Si bien la primera imagen que se usa para José es la de un árbol que da fruto, la segunda imagen es la del arquero que está solo contra el enemigo. Los arqueros eran una parte fundamental en cualquier ejército. Desde una posición elevada disparaban cientos de flechas y su proceder podía determinar el éxito o el fracaso de la batalla. José es comparado con un arquero que está solo contra los arqueros enemigos, y los enemigos lo hieren, «le asaetearon» varias veces. Pero a pesar de ello él no se rinde. «Su arco se mantuvo poderoso», porque el Señor estaba con él. El texto expresa la presencia del Señor citando a Dios con cinco nombres diferentes: «el Fuerte de Jacob», «el nombre del Pastor», «la Roca de Israel», «el Dios de tu padre», «el Dios Omnipotente».[286]

Es como si José se hubiera enfrentado él solo a un ejército de arqueros, pero no hubiera caído derrotado porque Dios estaba a su lado. Al estudiar su vida eso es lo que nos encontramos. ¡Todos están contra José! Sus propios hermanos estaban contra él. No tuvieron de él piedad, pero «su arco se mantuvo poderoso». La mujer de Potifar le lanzó dardos envenenados. Satanás arrojaba de continuo flechas contra José, pero José tomó el escudo de la fe para poder apagar todos los dardos de fuego del maligno.[287] José fue atacado con flechas desde los cuatro costados, pero no sucumbió. Se puso en pie de nuevo y tensó su arco con las fuerzas del Señor: «Los brazos de sus manos se fortalecieron por las manos del Fuerte de Jacob».

Recuerdo un campamento familiar en el que mis dos hijos mayores, entre otras muchas actividades, pudieron practicar el tiro con arco. Ambos disfrutaron mucho al ver como las flechas volaban para alcanzar el blanco. Ahora lo harían mucho mejor que yo, pero en aquel campamento aún eran pequeños y necesitaban de mi ayuda. Para que tuvieran fuerza para disparar con el arco, me ponía detrás de ellos, con mis brazos sobre los suyos, para juntos tensar la cuerda y lanzar la flecha hacia la diana. De la misma manera, en la batalla de la vida sentimos muchas veces que nuestras fuerzas flaquean. Nos sentimos débiles, y el enemigo arremete contra nosotros de mil formas diferentes. Llueven dardos de fuego como si un ejército nos embistiera, sin embargo podemos decir junto al salmista: «Aunque un ejército acampe contra mí, no temerá mi corazón; aunque contra mí se levante guerra, yo estaré confiado».[288] ¡No intentes vivir la vida cristiana con tus propias fuerzas! Aunque estés herido, no estás vencido. Aunque te sientas débil, no estás derrotado. El Señor pone sus brazos sobre los tuyos, pone sus manos sobre tus manos, para juntos tensar el arco y seguir firmes en esta batalla espiritual.

Si consideras tu propia vida, te darás cuenta de que estás necesitado. Tu alma tiene sed de Dios. En tu corazón puede haber inseguridad, temor, soledad y luchas. Acude al Señor con tus dolores y sinsabores. Tú sabes que aun en el mejor de los casos, y en las mejores épocas de tu vida, te has sentido como ese árbol frondoso solo por un breve instante. Pero comprendes que no puedes alejarte del Señor, porque él dijo: «Yo soy la vid, vosotros los pámpanos; el que permanece en mí, y yo en él, éste lleva mucho fruto; porque separados de mí nada podéis hacer».[289] Los pámpanos están unidos a la vid. Reciben savia de ella para poder crecer, y sacar flor, y dar fruto. Pero sin la vid, los pámpanos se secan y mueren. Solo sirven para ser cortados. Así sucede con nosotros. El Señor nos da de su savia espiritual a través de la Palabra, de la oración, del amor de los hermanos. Necesitamos de Él continuamente. El pámpano no se despide de la vid, pensando que ya tienen suficiente savia para una semana. ¡Si el pámpano hiciera tal cosa moriría sin remedio! ¿Y tú, sin embargo, pretendes abandonar tu vida espiritual por un tiempo? ¿Crees que puedes dejar de orar, dejar de leer la Biblia, o dejar de congregarte con los hermanos? ¿Crees que un pámpano dura mucho tiempo sin la vid? ¡Te equivocas! Necesitas de la sangre de Cristo cada día. Él es la savia espiritual y la vid verdadera que nos alimenta. Él produce en nosotros el carácter de Cristo, porque el fruto del Espíritu es «amor, gozo, paz, paciencia, bondad, benignidad, fe, mansedumbre, templanza».[290] Las tribus de Israel se alejaron del Señor y confiaron en sus propias fuerzas. Pero Jacob describe la vida de José como un árbol cargado de fruta, porque José confiaba en el Todopoderoso.

A pesar de la adversidad José se mantuvo como un árbol frondoso, como una rama fructífera. Así con nuestro Señor Jesucristo, atacado mucho más que José. Jesús fue tentado por el diablo, acusado por los judíos, negado por Pedro, traicionado por Judas, abandonado por sus amigos, crucificado por los romanos. Flechas de fuego cayeron sobre Él por todos los costados. El rey David describe de forma profética los padecimientos de Cristo:

«He sido derramado como aguas, y todos mis huesos se descoyuntaron; mi corazón fue como cera, derritiéndose en medio de mis entrañas. Como un tiesto se secó mi vigor, y mi lengua se pegó a mi paladar, y me has puesto en el polvo de la muerte. Porque perros me han rodeado; me ha cercado cuadrilla de malignos; horadaron mis manos y mis pies. Contar puedo todos mis huesos; entre tanto, ellos me miran y me observan. Repartieron entre sí mis vestidos, y sobre mi ropa echaron suertes. Mas tú, Jehová, no te alejes; fortaleza mía, apresúrate a socorrerme». (Salmos 22:14-19)

Cristo fue horriblemente maltratado; sin embargo, Él es el árbol que da fruto superabundante. La sequía y el calor fueron más duros sobre Cristo, pero Cristo es el árbol con mayor verdor, con las flores más hermosas y con los frutos más dulces de la tierra. Sus ramas se extienden por encima de todos los muros y trascienden culturas, épocas y naciones. Los frutos de Cristo son dulcísimos e inagotables que alimentan multitudes. Y hoy, dos mil años después de la cruz, aún sigue alcanzando pecadores y transformando sus vidas por el poder de su sangre.

José era un árbol plantado junto a las corrientes de agua viva, junto a las promesas de Dios. Y quizá te preguntes, ¿de qué aguas bebió Cristo? ¿Junto a qué río está plantado para poder tener tanto verdor? ¡Cristo es Él mismo el agua de vida, porque Cristo tiene vida en sí mismo! En el Éxodo, el Señor instruyó a su pueblo sobre cómo preparar el arca de la Alianza. En las Escrituras se describe su aspecto, los materiales utilizados, las medidas. El arca representaba la presencia de Dios entre nosotros, y en ese sentido era un símbolo de Cristo, *Emmanuel*, Dios con nosotros. El autor de Hebreos describe el contenido del arca de la Alianza: «El arca del pacto cubierta de oro por todas partes, en la que estaba una urna de oro que contenía el maná, la vara de Aarón que reverdeció, y las tablas del pacto».[291] ¿Cuál era el significado de esos tres objetos? ¿De qué forma apuntaban hacia Jesús? Las tablas del pacto indicaban que Cristo no iba a venir para abrogar la ley sino para cumplirla y vivir por nosotros una vida perfecta en obediencia al Padre.[292] El maná del desierto mostraba que Cristo es el verdadero pan del cielo, a quien Dios ha enviado para que comamos de Él y vivamos para siempre.[293] Y el tercer objeto dentro del arca era la vara de Aarón reverdecida. Cuando Dios escogió a la tribu de Leví para el sacerdocio, Dios hizo esta señal. Un varón por cada tribu puso una vara delante del tabernáculo del Señor, y Aarón la puso por la tribu de Leví:

«Y aconteció que el día siguiente vino Moisés al tabernáculo del testimonio; y he aquí que la vara de Aarón de la casa de Leví había reverdecido, y echado flores, y arrojado renuevos, y producido almendras». (Números 17:8)

¡Qué milagro tan grande! ¿Cómo pudo ser que, de un palo seco, sin raíces y sin agua, pudiera brotar una vida nueva? ¿Cómo de algo yermo podemos comer almendras? Si un árbol está verde y tiene fruto, el mérito está en el agua que le da vida. Pero dentro del arca estaba la vara de Aarón, porque Cristo es como esa vara reverdecida. Cristo tiene vida en sí mismo, sin raíces y sin agua, porque Él es el dador de la vida. Cristo es quien murió y fue sepultado, y de la noche a la mañana resucitó y fue glorificado. Cristo, como un palo seco, floreció y dio almendras. Cuando está llegando la primavera, es posible ver los almendros blancos en flor. Mientras el invierno se está apagando, la flor del almendro ya anuncia que muchas otras flores y otros frutos hermosos están llegando. Así con el Señor Jesús. Su resurrección gloriosa, como la blanca flor del almendro, pregona a los cuatro vientos que ya está cerca la resurrección de los muertos. Cristo resucitó, y nuestra resurrección está acerca. Cristo resucitó, primicias de los que duermen.[294] Solamente en Cristo hay vida, y vida eterna. ¿Por qué habrías de confiar en el hombre? No confíes en tus propias fuerzas ni en tu propia prudencia. No seas como la retama seca que se lleva el viento. Él es poderoso para sostenerte. Él estuvo muerto y está vivo. Como la vara de Aarón, Él puede hacer de ti un árbol frondoso para Su gloria. Mira a José y confía en el Señor. Tu alma tiene mucha sed, pero Su gracia es mayor.

La gracia de Dios en tu vida

1. Las últimas palabras de Jacob hacia sus hijos son un mensaje profético sobre el futuro de cada tribu. ¿Recuerdas algunos de los reproches de Jacob hacia ellos?

2. Lee Salmos 1:1-3 y Génesis 49:22. ¿Cómo describen la vida de José?

3. Lee de nuevo Jeremías 17:5-8. ¿Cómo describe a la persona que pone su confianza en el hombre?

4. ¿De qué manera se expresa la confianza en el hombre? ¿En qué pusieron su confianza los hijos de Jacob?

5. ¿Cómo describe Jeremías 17:5-8 al que pone su confianza en Dios? ¿Cómo se expresa la confianza en Dios?

6. A la luz de Jeremías 17, explica dónde estás poniendo tu confianza y qué resultados estás viendo en tu vida.

7. Lee Números 17:8. ¿Qué pasó con la vara de Aarón? ¿De qué modo representa a Cristo?

8. Escribe una oración de confesión al Señor, dejando atrás aquello en lo que ponías tu confianza, y expresando tu certidumbre en Él como dador de la vida.

16

¿ACASO ESTOY YO EN LUGAR DE DIOS?

Génesis 50:1-21

Cuando Jacob era joven pudo engañar a su anciano padre, pero ahora en su vejez no es capaz de engañar a la muerte. Jacob estuvo media vida huyendo de su hermano Esaú, pero al final de sus días no puede escapar de su último enemigo. Del mismo modo, la gente pretende escapar de la muerte, pero tarde o temprano nos alcanza a todos. La gran pregunta es si estamos preparados para ese largo viaje. La muerte es un enemigo fatal que sigue haciendo estragos, pero el creyente sabe que en Cristo tiene la victoria. Gracias a la tumba vacía del Señor, podremos resucitar y decir junto al apóstol Pablo: «Dónde está, oh muerte, tu aguijón? ¿Dónde, oh sepulcro, tu victoria?».[295] El creyente tiene otra visión de la vida y de la muerte. Vive esta vida con gratitud, sabiendo que es un regalo de Dios. Muere con serenidad, sabiendo que estás en las manos de Dios.

Nos acercamos al final de esta hermosa historia. La vida de José nos ha dejado muchas enseñanzas prácticas para nuestra vida cristiana. Pero aún nos quedan algunas lecciones finales. Después de bendecir a sus nietos, Efraín y Manasés, y pronunciar su profecía respecto a todos sus hijos, Jacob muere. José llora, lo abraza, lo besa, y hace lamento por su muerte. Expresa con su tristeza su gran amor por su padre. Cada uno de nosotros, tarde o temprano, nos encontramos con la muerte de un ser querido y es natural expresar nuestro pesar. Pero el lamento de José no fue perpetuo. Se nos dice que mandó a sus médicos que embalsamaran a Jacob, y después, «lo lloraron los egipcios setenta días». Este era un período oficial de luto por las personalidades importantes. Como creyentes, nuestra tristeza también tiene sus días. Tiene un límite. Lloramos a nuestros seres queridos, pero no lloramos como el mundo llora. La muerte produce en nosotros la tristeza de saber que por un tiempo no veremos a la persona que amamos. Pero la muerte no produce en nosotros desesperanza. Si morimos en el Señor nos volveremos a ver. Jacob murió. Hay tristeza en José y en sus hermanos, pero es una tristeza serena. Dos creyentes separados por la muerte se despiden como aquel que emprende un largo viaje. Es cuestión de tiempo que nos volvamos a ver. Recordemos cuando el apóstol Pablo escribió:

«Tampoco queremos, hermanos, que ignoréis acerca de los que duermen, para que no os entristezcáis como los otros que no tienen esperanza». (1 Tesalonicenses 4:13)

Jacob murió, y a José le parece bien seguir la costumbre de los egipcios que embalsamaban los cuerpos. No vamos a describir en detalle todo lo que hacían con el cuerpo, pero la intención al momificarlo era conservarlo lo mejor posible para la otra vida. Los egipcios creían en la inmortalidad del alma y en una vida venidera, y preparaban el cuerpo para el más allá. El proceso médico era algo muy costoso, por tanto no era algo asequible a para todos los egipcios. Se usaban sales difíciles de encontrar como el natrón, también llamada «sal divina». Usaban especias aromáticas, bálsamos y resinas muy costosas. Lo que los egipcios hacen con Jacob era considerado un gran honor, y José acepta que se haga así, convencido de que no es algo contrario a su fe. Nosotros también creemos en la vida venidera, pero no solo para aquellos que puedan pagar por ella, sino para aquellos por los cuales Cristo ha pagado. Una vez preparado el cuerpo, José ruega a Faraón que no continúe con las costumbres egipcias. El lugar de Jacob no está en un sarcófago dentro de alguna lujosa pirámide, llena de oro, joyas, y comida para viajar al juicio ante Osiris. Jacob no tiene necesidad de llevarse nada porque su tesoro está en los cielos. Su cuerpo debía ser enterrado en Canaán, porque el deseo de Jacob era descansar junto a sus padres en la sencilla cueva de Macpela. El que Jacob hubiera sido embalsamado iba a facilitar el viaje hasta Canaán, que tomaría varios días. José, tal vez siguiendo el protocolo, envió entonces mensajeros para que fueran en su nombre ante Faraón con la petición de poder ir a sepultar a su padre a Canaán, a lo que Faraón respondió: «Ve, y sepulta a tu padre, como él te hizo jurar».[296]

José pisó Canaán de nuevo para llevar el cuerpo de su padre. Cuando la comitiva llegó, tienen allí siete días de duelo por Jacob y su cuerpo es enterrado en Macpela. Después los hebreos regresaron a Egipto para vivir allí en paz. Pero en el futuro se levantaría un Faraón que no conocerá a José. ¡Y qué contraste tan grande con lo que habremos de ver años después! En el Génesis los hombres fueron a enterrar a Jacob, mientras las familias esperaban en Egipto. En el Éxodo, Faraón pretende que los hebreos vayan solos al desierto, dejando en Egipto a sus mujeres y sus hijos.[297] En el Génesis, los hijos de Jacob marchan hacia Canaán escoltados por los guardas y siervos de palacio. En el Éxodo, cuando Israel sale hacia la Tierra Prometida, los ejércitos de Faraón los siguieron con la intención de matarlos. En el Génesis, José escuchó palabras amables de boca de Faraón: «Ve, y sepulta a tu padre». En el Éxodo, Moisés vendría ante Faraón con la misma petición: «Deja ir a mi pueblo», pero Faraón le respondió: «Yo no conozco a Jehová, ni tampoco dejaré ir a Israel».[298]

Al principio Egipto se mostró amigable y hospitalario, pero al cabo del tiempo los hebreos serían oprimidos y despreciados. Lo mismo nos puede pasar a nosotros si allá donde estemos nos encontramos demasiado cómodos. Al principio todo son promesas hermosas. El optimismo nos embarga. Encontramos en el mundo «nuestro hogar», pero llegará el día en el que descubriremos que el mundo nos persigue. Entonces será cuando nos preguntemos: *¿Por qué acepté este trabajo que me prometía tanto? ¿Por qué me casé con un incrédulo que decía que respetaba mi fe? ¿Por qué escogí esos amigos que me divertían y ahora me desprecian?* Cuídate de hacer pactos con el mundo. Dios cumple sus promesas, pero el mundo no. El mundo promete mucho y no da nada. Egipto fue la casa de Israel, hasta que se convirtió en su prisión.

Después de sepultar a Jacob, José regresó a Egipto, y todos volvieron a la vida cotidiana. Sin embargo, la muerte de Jacob revivió viejos temores en el corazón de los hermanos de José. En medio de su inquietud José les habla palabras muy profundas que deben también llegar a nuestro corazón. Jacob ya no está, y los hermanos de José piensan entre sí: «Quizá nos aborrecerá José, y nos dará el pago de todo el mal que le hicimos». ¿Se vengará José de ellos ahora que el patriarca ya no está presente? Con esto los hermanos expresan sus dudas sobre la sinceridad de José. Dudan que su perdón sea auténtico, dudan de su cercanía, creen que todo lo que había hecho José era por respeto hacia su padre Jacob. ¿Qué va a hacer ahora José con sus hermanos? Por lo tanto, envían un mensaje a José con unas palabras que se supone Jacob habría dicho antes de su muerte:

«Así diréis a José: Te ruego que perdones ahora la maldad de tus hermanos y su pecado, porque mal te trataron; por tanto, ahora te rogamos que perdones la maldad de los siervos del Dios de tu padre. Y José lloró mientras hablaban». (Génesis 50:17)

José llora. El llanto de José no viene por recordar la muerte de su padre. Tampoco porque sus hermanos avivaron viejas heridas. José llora al contemplar el sufrimiento de sus hermanos por los pecados cometidos en el pasado. José llora al ver cómo su conciencia todavía les atormenta, y siguen llenos de dudas. Ellos mismos se han convertido en sus torturadores poniendo en duda el perdón de José. Es tan grande su temor y desconfianza que sus hermanos no se atreven a hablar directamente con él. Envían unos emisarios, y José llora mientras los mensajeros aún están hablando. ¿Sus hermanos envían mensajeros a José, y tal y como José había hecho con Faraón un poco antes? José anhela que sus hermanos dejen de ver en él al temible Zafnat-panea, al cual hay que acercarse con un traductor y protocolos. ¡Son sus hermanos! Desea que vengan a él en persona, con sus propias palabras, con sus peticiones y anhelos. Desea escuchar su voz. Ver sus rostros. Ver sus ojos. ¿Entiendes el temor de los hermanos de José? ¿Te sientes a veces como uno de ellos? Tal vez haya temor en ti porque recuerdas tus pecados del pasado. Piensas si aún merecen castigo. Pero si en verdad te has arrepentido, ¿por qué dudas? ¿Crees que Jesús no fue sincero cuando te dio su perdón? Así como José se entristeció al ver que las secuelas del pecado aún duraban en el corazón de sus hermanos, nuestro Señor se entristece cuando dudas de Su perdón y atormentas tu alma innecesariamente. Las promesas del Señor son ciertas: «Si confesamos nuestros pecados, él es fiel y justo para perdonar nuestros pecados, y limpiarnos de toda maldad».[299] Descansa en sus palabras. No dudes del perdón y la misericordia de Cristo. No dudes de Su gracia.

José perdonó a sus hermanos, y su perdón fue auténtico. ¿Por qué habrían de estar angustiados? ¿Por qué habrían de dudar en sus corazones? De una manera aún más perfecta, Jesucristo perdonó tus pecados en la cruz del Calvario, y Su perdón es perfecto. ¿Por qué habrías de dudar de Su gracia? ¿Por qué sentir temor, tristeza, o angustia? ¿Por qué rememorar tus pecados del pasado si han sido perfectamente perdonados? A veces vivimos la vida cristiana como mendigos espirituales. Aunque nuestro Redentor ha pagado nuestro viaje al cielo con todos los gastos incluidos, seguimos escarbando en las basuras del alma como si no poseyéramos nada. Cuando lleguemos a Su presencia, algunos se sentirán movidos a decirle al Señor *Gracias por traerme al cielo, pero te debo tanto, que te pido que me hagas uno de tus jornaleros.* Eso es lo que los hermanos de José le pidieron: «Henos aquí por siervos tuyos». Eso es también lo que el hijo pródigo le pidió a su padre al volver a casa.[300] No intentes trabajar por tus pecados. No hay nada que pagar cuando todo ha sido pagado. La gracia de Cristo cubre todas nuestras faltas y carencias por toda la eternidad. No intentes sufrir por tus pecados. En la autopista hacia el cielo no hay peajes. Así como Jesús nos recuerda continuamente Su gracia infinita, José vuelve a recordarles a sus hermanos la gratuidad de su perdón.

«No temáis; ¿acaso estoy yo en lugar de Dios? Vosotros pensasteis mal contra mí, mas Dios lo encaminó a bien, para hacer lo que vemos hoy, para mantener en vida a mucho pueblo». (Génesis 50:19,20)

Es admirable la visión espiritual de José, y el amor y la compasión por sus hermanos. Pero aún más, ¡admira el amor y la compasión de Cristo por ti! José respondió a sus hermanos: «¿Acaso estoy yo en lugar de Dios?». Por lo tanto, te invito en primer lugar a que renuncies a las dudas que te llenan de angustia. No hagas como los hermanos de José. Recuerda que es Dios quien te ha perdonado de todos tus pecados. Es Dios quien te ha comprado con la preciosa sangre de Cristo. Es Dios quien te sostiene con Su mano poderosa. ¿Si Dios te ha perdonado, por qué habrías de dudar?

«El que no escatimó ni a su propio Hijo, sino que lo entregó por todos nosotros, ¿cómo no nos dará también con él todas las cosas? ¿Quién acusará a los escogidos de Dios? Dios es el que justifica. ¿Quién es el que condenará?». (Romanos 8:32-34)

Si aún hay remordimientos en tu corazón, examina tu vida y ve si tu arrepentimiento ha sido sincero. Pero si en verdad te has arrepentido, y en verdad Dios te ha perdonado, ya nadie te puede condenar. Ni tú mismo. Dile a tu frágil conciencia que deje de torturarte con el pasado. Dile a tu débil corazón que se deje de sentimientos de culpa inútiles. Dile a tu alma que descanse en la gracia del Señor. ¿Tienes dudas? ¿Dudas del amor de Dios? ¿Dudas de Su perdón? ¿Dudas si tendrás la vida eterna? ¿Dudas si vendrá a buscarte el Señor? ¿Dudas de todo? Entonces, qué tal si mejor dudas de tus dudas, y dejas de dudar de Su Palabra.

Si son otros los que te han herido a ti, piensa en las palabras de José y decide renunciar a la venganza y confía en el Señor. Es Dios quien perdona o castiga. Dios es el Juez Supremo. Dios. No tú. Si otros te han hecho daño en el pasado ¿Estás pensando tú en cómo vengarte? ¿Por su pecado, por su ingratitud, por su egoísmo? ¿Acaso no te ha perdonado Dios mucho más a ti? Cuando vengan a tu corazón sentimientos de ira, rencor, amargura, recuerda las palabras de José: «¿Acaso estoy yo en lugar de Dios?». El rencor no es más que el deseo de recordar para hacerle pagar al otro por sus faltas. Es cierto que no podemos olvidar de inmediato, pero podemos decidir no recordar. Con el tiempo, aquello que no rememoramos va cayendo en el olvido. Los pensamientos son biodegradables. Atrévete a perdonar de corazón, a no volver a traer a la memoria, de modo que aquello que quede en un rincón de tu alma se disipe con el tiempo. Recuerda que el Señor te ha perdonado mucho más. Recuerda la parábola de los dos deudores. ¿El rey te ha perdonado a ti diez mil talentos, y tu quieres hacerle pagar a tu hermano cien denarios? Quien no es capaz de perdonar, es que no sabe cuánto se le ha perdonado.[301]

En su respuesta, vemos también que José reconoce su pequeñez y la grandeza de Dios. Dios está en los cielos, y tú estás en la tierra. En nuestras vidas suceden muchas cosas que no podemos comprender. Cuando observas las experiencias de tu vida y no comprendes por qué te han herido, o te han despreciado, o te han abandonado, ¿cómo reaccionas? No sabes por qué, pero algunas veces parece que Dios no actúa de forma inmediata. No comprendes por qué parece que a los malos les va bien, y los justos sufren más. Miras a tu alrededor, y hay tantas cosas que no entiendes, y sin embargo puedes decir con el salmista: «En el día que temo, yo en ti confío».[302]

En esta vida es evidente que la voluntad de los hombres es distinta a la voluntad de Dios. Muchas personas hacen el mal y parece que Dios no tiene control sobre lo que hacen. Pero creemos que Dios es todopoderoso, y que nada de lo que sucede está fuera de su dominio. La voluntad del hombre y la voluntad de Dios son como dos ríos que se unen en uno solo más ancho llamado *providencia*. Es misterioso contemplar la forma en que Dios gobierna el mundo. El hombre hace uso de su libertad, pero Dios en su majestad usa incluso las acciones más viles para llevar a cabo sus santos propósitos. Ciro el Persa atacó Babilonia; pero Dios había decidido castigar a Beltsasar. Judas traicionó a Jesús; pero el Padre había dispuesto entregar a Su Hijo. Los hermanos de José lo vendieron, y aun siendo responsables de sus actos ante el Señor, era Dios quien había decidido llevar a José a Egipto. Así explica José la providencia de Dios: «Vosotros pensasteis mal contra mí, mas Dios lo encaminó a bien, para hacer lo que vemos hoy, para mantener en vida a mucho pueblo». El puritano John Flavel comenta al respecto:

> «*Cuán grandes bendiciones nos ha traído la providencia de aquellas cosas, las cuales pensamos que nos traerían la ruina o la miseria. José no se imaginaba que su venta como esclavo en Egipto resultaría en su beneficio; y sin embargo vivió para ver un propósito bueno en ello (Génesis 45:5) Cuántas veces hemos sido obligados a decir igual como David: «Bueno me es haber sido afligido» (Salmos 119:1). Al principio nuestra reacción ante los problemas es de suspiros y lágrimas; más tarde los vemos con gozo y bendecimos a Dios por ellos»*.[303]

Considera una vez más la pregunta de José. «¿Acaso estoy yo en lugar de Dios?». Te invito a que abraces la cruz de gracia infinita. ¡La cruz de Cristo! No puedes tener mayor ejemplo de la providencia de Dios. En la voluntad de los hombres, Cristo fue despreciado, traicionado, maltratado, vendido, crucificado. Pero en la voluntad de Dios, fue entregado y sacrificado por el perdón de tus pecados. El perdón de Dios en la cruz es sincero. Ven a Él. Sin temores, sin dudas, sin máscaras, sin excusas, sin pretextos. Su perdón es perfecto. Tal vez son grandes las heridas de tu pasado, pero Su gracia es mayor. Renuncia a todo sentimiento de venganza, y descansa en Su amor.

La gracia de Dios en tu vida

1. Cuando Jacob muere, José expresa su tristeza. Lee 1 Tesalonicenses 4:13 y explica porqué la tristeza de los creyentes es diferente. ¿Por qué mandó José que embalsamaran el cuerpo de Jacob?
2. Egipto era el hogar de los hebreos, pero con los años se convirtió en su prisión. ¿Qué nos enseña esto sobre nuestra relación con el mundo?
3. ¿Por qué dudaron los hermanos de José sobre su perdón?
4. ¿Por qué dudas tú a veces del perdón de Cristo?
5. Lee de nuevo Romanos 8:32-34. ¿Qué te puede hacer dudar del amor de Cristo?
6. Al igual que José, ¿hay quienes te han herido o maltratado en tu vida? ¿Quién? ¿Qué te hizo? ¿Le has perdonado? ¿Puedes ver la providencia de Dios en eso?
7. Lee Mateo 18:23-35. ¿Qué pasó con el siervo que no perdonó a su consiervo? ¿Qué nos enseña esta parábola sobre el perdón?
8. Dios llevó a José a Egipto, pero sus hermanos son quienes lo vendieron. ¿Qué nos enseña esto sobre la providencia de Dios? ¿Es capaz Dios de usar nuestras malas acciones para un bien mayor? ¿Puedes poner ejemplos bíblicos? ¿Ves ejemplos de ello en tu vida?
9. Vuelve a leer Génesis 50:20. ¿Cómo describe la vida y ministerio del Señor Jesús?

17

MÁS ALLÁ DE LA MUERTE

Génesis 50:22-26

L legamos al final de la vida de José y al final del libro del Génesis. Hemos estado con José desde que era un joven que apacentaba las ovejas de su padre, hasta ahora, que es un anciano
y está a punto de morir. Diecisiete años vivió José en Canaán, diecisiete años vivió Jacob en Egipto, y diecisiete capítulos hemos estado
con ellos hasta el final de este libro. Ha sido un largo viaje de noventa
y tres años, pasando por la casa de Potifar, por la prisión, por el
palacio de Faraón. Hemos estado con José cuando perdonaba a sus
hermanos, cuando los invitaba a su mesa, cuando vio a Benjamín,
cuando abrazó a su padre Jacob, cuando fue a Macpela a enterrarlo.
Y ahora, acompañaremos a José en su último viaje cruzando el río
de la muerte hacia la otra orilla donde lo espera el Señor. Al relatar
la muerte de José, Moisés describe lo mucho que Dios lo ha bendecido. Ha vivido una larga vida y ha podido ver a sus biznietos. En
ese momento José dice a sus hermanos: «Yo voy a morir». ¿Cómo
serán sus últimas palabras? Si después de todo este tiempo su fe

hubiera sido la de un egipcio, José diría *Yo voy a morir, ahora dejen que me entierren en una gran pirámide, con todas mis riquezas, dinero y comida para mi viaje después de la muerte. Estoy seguro de que me he portado bien. Recuerden poner en mi sarcófago una copia del libro de los muertos para saber qué hacer cuando me presente ante el juicio de Osiris y así poder entrar en el más allá.* Pero José no era egipcio. Aun después de tantos años el corazón de Zafnat-panea sigue siendo hebreo. José era hijo de Abraham, de Isaac y de Jacob, y con sus últimas palabras muestra su fe viva en el Dios vivo. Sus instrucciones respecto a su entierro expresan su confianza inquebrantable en las promesas de Dios: «Dios ciertamente os visitará, y haréis llevar de aquí mis huesos».[304]

La seriedad con que José habló sobre lo que se debía hacer con sus huesos nos da a entender que aquello que hacemos con nuestro cuerpo tiene una gran trascendencia. Con nuestro entierro expresamos nuestra fe y nuestra esperanza. Es una costumbre velar el difunto o llevar flores al cementerio. Los hebreos llevan piedras a la tumba, porque dicen que duran más tiempo. No tenemos ningún problema con las diferentes expresiones culturales, pero sí nos debe hacer reflexionar la creciente moda de incinerar los cuerpos. La cremación no es una práctica cristiana. Es típica de las religiones que creen en la reencarnación y el panteísmo, que con el fuego creen liberar al alma de su antiguo recipiente. Los antiguos romanos también quemaban a sus difuntos, pero a medida que el cristianismo fue avanzando en Europa empezaron a aparecer los cementerios donde los cuerpos esperan la resurrección. En el año 177 hubo una gran persecución en Lyon. Mataron a los cristianos y quemaron sus cuerpos echando las cenizas al Ródano, tal como dice una crónica:

«Para que los cristianos no tuvieran esperanza de la resurrección, en confianza de la cual han introducido una nueva y extraña religión entre nosotros, ignorando los tormentos y dispuestos a enfrentar la muerte con gozo. Ahora veremos si se levantan de nuevo, y veremos si su Dios les ayuda y les libra de nuestras manos».[305]

Sabemos que el Señor puede resucitarnos aún de las cenizas. Si Sadrac, Mesac y Abed-nego hubieran perecido en el horno ardiente, Dios los hubiera resucitado en el día postrero. El Creador puede recomponer nuestros cuerpos, pero eso no significa que debamos cerrar los ojos a la relevancia del mensaje de nuestro entierro. La cremación en la Biblia expresa la ira de Dios. Las llamas consumieron a Sodoma, a Acán, y a los soldados que venían contra Elías.[306] Los cuerpos de los crucificados eran lanzados al valle de fuego; pero el cuerpo del Señor Jesús fue sepultado en un sepulcro nuevo.[307] La costumbre judía y la cristiana ha sido siempre la de enterrar los cuerpos en la esperanza de la resurrección. Nuestro entierro es el último sermón que predicamos, y nuestra última ocasión en esta tierra de dar gloria al Señor, en la vida y en la muerte.

«¿O ignoráis que vuestro cuerpo es templo del Espíritu Santo, el cual está en vosotros, el cual tenéis de Dios, y que no sois vuestros? Porque habéis sido comprados por precio; glorificad, pues, a Dios en vuestro cuerpo y en vuestro espíritu, los cuales son de Dios». (1 Corintios 6:19,20)

Con su sepelio, José anuncia su esperanza. En sus últimas palabras respecto a su entierro, José nos enseña cuatro características de su fe. En primer lugar, la fe de José fue una fe *perseverante*. Incansable. Invencible. Inagotable. Una fe que perduró hasta el día de su muerte.

La fe de José fue constante en medio de las dificultades, cuando era pastor de ovejas, cuando era esclavo de Potifar, cuando fue echado en la prisión. Su fe no sucumbió ante la depresión, no flaqueó ante el derrotismo, no le dejó pensar que Dios se hubiera olvidado de él. También fue una fe perseverante en medio de las bendiciones. Cuando fue príncipe en Egipto, cuando Dios le concedió una esposa e hijos, cuando trajo a su padre y se reconcilió con sus hermanos. La fe de José no se rindió ante las cosas hermosas de esta vida como Sansón, que fue presa de los encantos de Dalila. Aun cuando todas las rodillas se doblaban delante de José, él seguía doblando sus rodillas delante de Jehová. Su fe no se debilitó ni ante el frío de las pruebas, ni ante el calor de las bendiciones. Perseveró también en medio de la idolatría, porque los egipcios adoraban el sol, los animales, el Nilo, y casi todas las cosas creadas. En medio de una fe extraña, la fe de José no flaqueó como la de Salomón, que cedió ante la fe de sus mujeres paganas. José perseveró en medio de la soledad, siendo el único creyente allá donde fuera desde el día en que fue vendido. Rodeado de pruebas y añoranza, los ojos de José miraban al Invisible. José perseveró en su fe a lo largo de toda su vida. No fue un creyente firme a los treinta y un liberal a los ochenta. Hay personas que, tristemente, con el paso del tiempo no se vuelven mejores cristianos, sino peores. Al envejecer, su fe también se envejece. Al llegar las arrugas, sus convicciones se agrietan y como el viejo Elí consienten el pecado en su vida y en la de otros.[308] Pero José perseveró, y aún a los ciento diez años, su fe seguía igual de fresca y joven como el primer día. ¡Aprende de José! Que tu fe sea perseverante. Que las dificultades no la puedan ahogar, ni las bendiciones la puedan cegar, ni el mundo la pueda tentar, ni la soledad la pueda apenar, ni la vejez la pueda quebrar.

En segundo lugar, la fe de José era una fe *congruente*. A pesar de vivir en una nación pagana, José no comprometió su fe en ningún momento, ni siquiera en su lecho de muerte. Puede que sea más fácil apreciar la renuncia de Moisés, que dejó Egipto, pero podemos ver la misma actitud en José, que vivió en Egipto. Moisés dejó los lujos del palacio y un futuro prometedor para identificarse con el pueblo de Israel. El autor de Hebreos nos dice que:

«Por la fe Moisés, hecho ya grande, rehusó llamarse hijo de la hija de Faraón, escogiendo antes ser maltratado con el pueblo de Dios, que gozar de los deleites temporales del pecado, teniendo por mayores riquezas el vituperio de Cristo que los tesoros de los egipcios; porque tenía puesta la mirada en el galardón». (Hebreos 11:24-26)

Moisés renunció a una vida de lujos materiales porque esperaba un tesoro celestial, «tenía puesta la mirada en el galardón». De la misma manera, José es enterrado junto a los suyos en espera de ser llevado a Canaán y en su entierro expresa su confianza en las promesas de Dios. El arqueólogo David Rohl afirma haber localizado la verdadera tumba de José en la tierra de Gosén, donde vivían los hebreos. Se trata de una pequeña pirámide junto a una mansión, todo ello digno de un alto mandatario. En la puerta de la tumba aparecen los restos de una estatua con peinado hebreo, piel amarilla usada para representar a los extranjeros, y una túnica rayada que estuvo pintada de diversos colores. Además de los claros signos de deterioro por el paso del tiempo, la estatua parece haber sido brutalmente golpeada en la cara. Explica Rohl:

«Después del Éxodo, algunos individuos deseosos de venganza intentaron destruir la estatua. La nariz fue arrancada. Los ojos vaciados. Hay claras marcas de golpes en la cabeza. No es difícil

imaginar que los hombres de la ciudad descendieron a la tumba de José para ventilar su ira recordando el desastre que supuso para Faraón dejar que los israelitas se fueran»[309]

José no descansó junto a los faraones, sino junto a los hebreos. Al igual que Moisés tenía puesta la mirada en el galardón. La congruencia de José se observa en su disposición a renunciar a todo por causa de las promesas de Dios, quien había prometido hacer de Israel una gran nación y darle una tierra. Al final de sus días, José afirmó: «Dios ciertamente os visitará, y haréis llevar de aquí mis huesos».

En tercer lugar, la fe de José es una fe *ejemplar*. Él es ejemplo para nosotros durante toda su vida, y ahora en el momento de su muerte. José dejó sus huesos como emblema y recuerdo, y su tumba se convirtió en un auténtico símbolo de esperanza. ¡Un anuncio continuo de las promesas de Dios! Si un padre pasare caminando con sus hijos frente a la tumba de Jose, les diría algo como *Hijos míos, allí está enterrado el patriarca José. No está enterrado con los faraones porque José dijo que nos lleváramos sus huesos a la Tierra Prometida.* Con el paso del tiempo, serían los niños quienes recordarían las promesas de Dios a sus padre y dirían *Papá, mira la tumba de José, no debemos olvidar sus huesos cuando Dios nos saque de Egipto, ¿verdad?* ¡Qué mensaje para los suyos! Cuando las fuerzas flaqueaban, miraban a la tumba de José y se acordaban de las promesas de Dios. Cuando llegó el tiempo de la esclavitud cobraron fuerzas recordando que un día todos habrían de salir de Egipto porque José había de ser enterrado en la Tierra Prometida. Los huesos de José seguían predicando aún después de muertos. *Hermanos. No estaremos aquí para siempre. Perseveremos. Dios cumple sus promesas y hemos de salir muy pronto hacia laTierra Prometida.* Qué emoción debió embargar a Moisés cuando llegó el día anhelado y ordenó sacar a José de la tumba.

Cuando Israel salió de Egipto, también salió José con ellos. Juntos, Moisés y José, cruzaron el Mar Rojo.[310]

Por último, la fe de José es una fe *inmortal*. José murió, pero su fe no. Cuando dio instrucciones respecto a sus huesos, sus palabras expresaron su profunda confianza en Dios. En «el capítulo de la fe» se escoge este momento como la máxima expresión de la fe de José: «Por la fe José, al morir, mencionó la salida de los hijos de Israel, y dio mandamiento acerca de sus huesos».[311] ¿Qué tiene de particular esto? ¿Acaso Jacob no dio también instrucciones respecto a su entierro? Sí, pero no fue en ese momento donde más brilló la fe de Jacob, sino en el instante en que bendijo a los hijos de José entregándoles una tierra que aún no había recibido.[312] Cuando Jacob dio instrucciones sobre su entierro mostró una gran confianza en José, y se lo hizo jurar, porque José tenía el poder para viajar a Canaán para enterrar a su padre. Pero ahora, cuando José ve llegar la hora de su muerte, no dice *Entiérrenme en Canaán, donde están Abraham, Isaac, y mi padre Jacob.* La fe de José brilló en su máximo esplendor cuando pidió que no sacaran su cuerpo de Egipto al morir, sino que lo guardaran como emblema de las promesas de Dios para sacarlo de Egipto cuando todos salieran.

José creía de todo corazón que las promesas de Dios se cumplirían. Por encima de toda lógica. No hay nada imposible para Dios. Las circunstancias eran irrelevantes. El tiempo no tenía importancia. Tampoco, la cercanía de muerte, porque nada nos podrá separar del amor de Dios, «ni la muerte, ni la vida, ni ángeles, ni principados, ni potestades, ni lo presente, ni lo por venir».[313] Y si la muerte es el último enemigo que nuestra fe ha de superar, repitamos con el salmista: «Porque este Dios es Dios nuestro eternamente y para siempre; Él nos guiará aun más allá de la muerte».[314] ¡Aún más allá de

215

la muerte! La esperanza de muchas personas muere con la muerte. Aquellos que han puesto su confianza en las riquezas, el poder, los placeres, o la fama, pronto ven como su esperanza se deshace y Dios les dice: «Necio, esta noche vienen a pedirte tu alma; y lo que has provisto, ¿de quién será?».[315]

Pero nuestra fe y nuestra esperanza son las mismas que las de José, que declaró: «Dios os visitará». Dios visitó a los hebreos. El Señor trajo grandes señales y prodigios que llenaron de temor a los egipcios y llenaron de esperanza a Israel. Así como había visitado a Jacob en Beerseba para darle sus promesas, ahora Dios visitaba a su pueblo en Egipto para cumplir sus promesas. José proclamó: «Dios os visitará». ¡Y en efecto, Dios nos habría de visitar! Él es *Emmanuel*. Dios con nosotros. El Señor Jesucristo nos visitó; y cuando regrese a buscarnos hará grandes prodigios y señales que llenarán a unos de gozo y a otros de espanto. «Dios nos visitará». Jesucristo, nuestro Moisés, ha de venir para llevarnos con Él a la eterna Jerusalén.

José murió con la mirada puesta en el galardón. Aun teniendo todo lo que pudiera desear en este mundo, no tuvo apego a las cosas materiales ni a la alabanza de los hombres. Quiso ser enterrado entre los suyos, con su cuerpo dispuesto para salir de Egipto cuando Dios lo ordenara. Nosotros, al igual que José, vivimos y morimos siendo extranjeros y peregrinos y con los ojos puestos en el galardón eterno. No miremos las cosas de esta vida como un tesoro, pues nuestro tesoro está en los cielos. Los hebreos contemplaban la tumba de José, y al hacerlo recordaban las promesas de Dios acerca de una gran nación, de una Tierra Prometida, de una nueva vida. Del mismo modo nosotros contemplamos el sepulcro de Jesús y recordamos las promesas de Dios, de una Ciudad Celestial, de una Vida Eterna, de una resurrección. ¡Pero Jesucristo es mucho mayor que José! Ambas tumbas están vacías y anuncian la salvación de Jehová. Los hebreos miraban el sepulcro del patriarca esperando poder llevar a José a donde ellos deseaban ir. Pero nosotros miramos el sepulcro vacío de nuestro Señor, esperando poder ir a donde Jesús está. Nuestro «José» se nos ha adelantado. No nos esperó en la tumba para que le lleváramos, porque es Él quien nos ha de llevar. No hemos de sacarle, sino que Él vendrá a sacarnos. Él salió de la tumba para que fuéramos con Él. Aquel domingo, el de la resurrección, las mujeres fueron a embalsamar el cuerpo del Señor y se encontraron con el sepulcro vacío:

> «Aconteció que estando ellas perplejas por esto, he aquí se pararon junto a ellas dos varones con vestiduras resplandecientes; y como tuvieron temor, y bajaron el rostro a tierra, les dijeron: ¿Por qué buscáis entre los muertos al que vive? No está aquí, sino que ha resucitado». (Lucas 24:4-6)

¡Ese es nuestro «José»! El que es poderoso para levantarse de entre los muertos. Así como el pueblo de Israel miraba el cuerpo muerto de José como símbolo de todas las promesas que Dios iba a cumplir, nosotros miramos el cuerpo resucitado de Cristo como evidencia de todas las promesas de Dios cumplidas. Ese es nuestro «José». El que salió primero de la tumba para guiar a un gran pueblo hacia la Tierra Prometida. Porque Él es primicias de los que duermen, el primogénito de entre los muertos, y el que estaba muerto y ahora vive. El Señor también declaró que le seguiríamos después, y nos invitó a tomar nuestra cruz y seguirle. ¡Sí, le seguimos! Le seguimos en esta vida, con todas sus luchas, sus pruebas y sus lágrimas, y también le seguiremos más allá de la muerte en Su resurrección, ascensión y gloria.[316] Meditemos una última vez en las palabras de José antes de despedirnos de él, y despedirnos también de esta hermosa historia:

«Yo voy a morir; mas Dios ciertamente os visitará, y os hará subir *(del hebreo «alah»)* de esta tierra a la tierra que juró a Abraham, a Isaac y a Jacob. E hizo jurar José a los hijos de Israel, diciendo: Dios ciertamente os visitará, y haréis llevar *(del hebreo «alah»)* de aquí mis huesos». (Génesis 50:24,25)

Dios visitó a los hebreos, y *subieron* a la Tierra Prometida.[317] Dios visitó a los hebreos, y ellos *subieron* el ataúd de José sobre sus hombros. Pero de forma profética, José nos está diciendo que un día Dios nos visitará, y en ese día, a todos nosotros, a su Israel, nos hará *subir* de esta tierra a la Ciudad Celestial, y a nuestros huesos hará *subir* del sepulcro a una vida inmortal. José sabía que los hebreos podían conservar sus huesos, porque, aunque estuvieran secos, Dios los iba a levantar. Así hará Dios con nosotros. Como hizo frente al profeta Ezequiel, nuestros huesos se unirán, y sobre ellos habrá tendones, y carne, y piel, y espíritu que los mueva.[318]

¡Mi cuerpo se levantará de entre los muertos para estar con Él por siempre! Y si tú eres de Cristo, tú también puedes decir junto a Job que tus ojos le verán.[319] ¿Es esta tu esperanza? Dios visitó a los hebreos, y su visita fue la liberación para Israel y la condenación para Egipto. Así será en el día final, cuando suene la trompeta y los muertos se levanten. Los creyentes para vida eterna, y los incrédulos para condenación. ¿Es tu fe la fe de José? ¿Confías en las promesas de Dios? ¿Ves su providencia guiando tu historia? ¿Buscas su mirada en vez del favor de los hombres? Pon tu fe en el Señor Jesucristo. Cristo venció a la muerte. Su tumba está vacía. Allá donde Él está, los que somos suyos, también estaremos. Nuestro José nos llevará a la Tierra Prometida. Su cuerpo ya no está en la tumba. Un pueblo inmenso empezó su viaje hacia la Jerusalén celestial. No por nuestros méritos, sino por Su voluntad. No por nuestras fuerzas, sino por Su poder. No gracias a nosotros, sino gracias a Él. No mires tu historia, ni tus dolores, ni tus pruebas. Mira a Cristo. Porque a pesar de tus pecados, tu debilidad y tu pasado, prevalece Su amor, y a pesar de tus flaquezas, Su gracia es mayor.

Soli Deo Gloria

La gracia de Dios en tu vida

1. ¿Por qué José dio instrucciones sobre sus huesos? ¿Es importante lo que hacemos con nuestro cuerpo cuando fallecemos? ¿Por qué?

2. La fe de José fue perseverante. ¿En qué momentos de su vida podría haber perdido la fe?

3. ¿Qué anunciaba la tumba de José durante todos los años de cautiverio en Egipto? ¿De qué modo hablaban de las promesas de Dios?

4. Lee Hebreos 11:22. ¿Por qué las palabras de José respecto a sus huesos son la máxima expresión de su fe?

5. Lee Salmos 48:14. ¿Dónde tienes puesta tu confianza? ¿Te llevará más allá de la muerte?

6. Lee Ezequiel 37:1-10 y Job 19:25-27 y expresa tus pensamientos con respecto a la resurrección del cuerpo.

7. ¿Crees que el Señor te resucitará en el día final? ¿Cuál es tu destino eterno?

8. Expresa cuál de los aspectos de la gracia de Dios en la vida de José ha sido de mayor bendición para tu vida.

NOTAS

1 Génesis 37 al 50
2 Génesis 12
3 Génesis 12:10-20
4 Filipenses 1:6
5 Lucas 24:13-35
6 Calvin, John. *Calvin's Commentaries*, vol. I (Grand Rapids: Baker Books, 2003), p. 260-261
7 1 Corintios 13:2
8 Spurgeon, Charles, *Una Defensa del Calvinismo*, Chapel Library, p. 6.
9 Génesis 37:20
10 Génesis 37:26
11 Génesis 39:20
12 Génesis 41:9-45
13 Génesis 50:20
14 Daniel 6
15 Daniel 3
16 Romanos 5:10
17 Génesis 50:20
18 Génesis 29:20
19 Génesis 29:26
20 Génesis 30:24
21 Romanos 12:16
22 Génesis 37:2
23 Génesis 37:3
24 Efesios 6:4
25 Müller, George. *Valuable selections from the writings of George Müller*. Granted Ministries Press, p. 5
26 Génesis 25:28
27 VanGemeren, Willem A. *New International Dictionary of Old Testament Theology and Exegesis*. Vol. 2 (Grand Rapids: Zondervan, 1997), pp. 742-743. «*kuttonet*»
28 2 Samuel 13:18

29 Génesis 15:5
30 Génesis 37:11
31 Lucas 2:49-51
32 Salmos 14
33 Marcos 1:11
34 Isaías 53:3
35 Génesis 37:31
36 Génesis 37:19
37 Génesis 34:25,26
38 Efesios 6:1
39 Génesis 37:18
40 Génesis 37:20-22
41 Génesis 37:25
42 Génesis 37:27
43 Génesis 37:28. Los 20 *shekels* son unos 227 gramos de plata, o unas 7,3 onzas troy. Al precio de mercado de hoy día, unos 17,49 dólares por onza serían aproximadamente 127 dólares americanos.
44 Génesis 37:31
45 Juan 3:16
46 Juan 1:9-11
47 2 Corintios 4:8,9
48 Génesis 37:35
49 Hebreos 12:1
50 Génesis 39:2
51 Josué 1:9
52 Génesis 39:2
53 Génesis 39:3
54 Génesis 39:21-23
55 1 Timoteo 6:1,2
56 Génesis 41:1 detalla que José pasó dos años en prisión desde la liberación del copero, pero no sabemos exactamente cuánto tiempo llevaba ya José encarcelado. Por tanto, sabemos que José estuvo más de dos años en prisión, pero menos de tres.
57 1 Pedro 2:13-20
58 Hechos 5:29
59 Génesis 39:6, la misma expresión que se usa para su madre Raquel en Génesis 29:17.
60 Génesis 20
61 1 Pedro 3:4
62 Génesis 39:10
63 Job 31:1
64 1 Corintios 10:13
65 Génesis 39:8,9
66 Génesis 39:9

67 Filipenses 2:7
68 Lucas 2:52
69 Mateo 5:17
70 Lucas 3:22
71 Mateo 4:4
72 Génesis 39:19
73 Génesis 39:20
74 Génesis 41:1
75 Isaías 53:9
76 Los términos «ismaelitas» y «madianitas» se usan de forma indiferente en Génesis debido a la similitud entre ambos pueblos. Ver también como ejemplo Jueces 8:22-26.
77 Génesis 39:2,23
78 Un detalle nos hace pensar que Potifar seguía confiando en José aun cuando estaba en prisión. En Génesis 37:36 y 39:1 Potifar es llamado «capitán de la guardia», y el relato se refiere a la prisión donde José estaba como «la prisión en la casa del capitán de la guardia» (40:3), en tanto que a José como «siervo del capitán de la guardia» (41:12).
79 Génesis 40:8
80 Génesis 40:9-11
81 Génesis 40:14,15
82 Hechos 12
83 Hechos 16
84 Mateo 4:11 y 1 Reyes 17:6
85 Génesis 40:16,17
86 Génesis 40:13,19
87 Hechos 10:27
88 Génesis 40:18,19
89 Jeremías 17:7,8
90 Isaías 40:31
91 Lucas 23:41
92 Lucas 23:39
93 Lucas 23:42
94 Lucas 23:43
95 Juan 3:14,15
96 Filipenses 2:9,10
97 Génesis 41:1-4
98 Génesis 41:5-8
99 1 Corintios 2:14
100 Mateo 5:45
101 Jeremías 29:7
102 2 Pedro 3:9
103 Génesis 41:9-13

104 Génesis 41:14
105 Génesis 41:16
106 Génesis 41:17-24
107 Génesis 41:25-32
108 Génesis 41:33
109 Génesis 41:37,38
110 Génesis 41:38
111 Juan 6:68
112 Génesis 41:55
113 Génesis 41:38
114 Génesis 41:39,40
115 Marcos 11:10 y 15:13
116 Colosenses 2:9
117 Judas 1:25
118 Génesis 41:42
119 Mateo 28:18; Juan 1:3
120 Filipenses 2:8
121 Juan 17:5
122 Génesis 41:43
123 Apocalipsis 1:7
124 Génesis 41:45
125 Keil, C.F. & Delitzsch, F. *Commentary on the Old Testament*. vol. 1 (Peabody: Hendrickson Publishers, 2001), p. 226
126 Filipenses 2:9,10 y Hechos 4:12
127 Mateo 1:21
128 Génesis 41:45
129 2 Corintios 6:14
130 Génesis 24:3
131 Génesis 41:51
132 Génesis 41:52
133 Romanos 10:13
134 Génesis 45:6
135 Génesis 42:4
136 Génesis 42:1
137 Juan 6:51
138 Juan 6:37
139 Génesis 42:6
140 Génesis 42:9
141 Génesis 42:9,12,14
142 Génesis 4:9,10 y 41:22
143 Génesis 42:19
144 Génesis 42:28
145 Génesis 42:35

146 Hebreos 12:14
147 1 Pedro 1:15
148 Éxodo 20:1-17
149 Mateo 5:22 y 5:8
150 Santiago 2:10,11
151 Efesios 5:6
152 Gálatas 3:24
153 Mateo 5:3,4
154 Salmos 85:4
155 Juan 16:7,8
156 Deuteronomio 4:24
157 Jonás 3:8,9
158 Juan 3:36
159 Daniel 3:17,18
160 Mateo 26:39
161 Génesis 35:18
162 Marcos 12:36
163 Hebreos 12:2
164 Génesis 43:16
165 Génesis 43:23
166 Génesis 43:29-31
167 Génesis 43:33,34
168 Romanos 5:10
169 Salmos 30:11
170 Apocalipsis 21:4
171 Génesis 43:34
172 Marcos 14:25
173 Génesis 43:16
174 Lucas 15:11-32
175 Génesis 44:4,5
176 El Señor condena toda forma de adivinación en Levítico 20:27.
177 Jeremías 17:9
178 Proverbios 19:20
179 Génesis 44:16
180 Lucas 23:41
181 Génesis 44:33
182 Salmos 23:5
183 Mateo 26:39
184 1 Pedro 3:18
185 Juan 13:36-37
186 Hechos 2:36
187 Juan 10:14
188 Marcos 4:39-41

189 Mateo 16:16,17
190 Génesis 45:5
191 Éxodo 14
192 Juan 14:2
193 Marcos 16:15 y Juan 14:3,4
194 2 Pedro 1:3 y 2 Timoteo 3:16,17
195 Filipenses 2:12
196 Génesis 45:24
197 Mateo 18:23-35
198 Génesis 45:28
199 Génesis 21
200 Por ejemplo, 1 Samuel 3:20
201 Génesis 35:7
202 Génesis 22:11
203 1 Samuel 3:10
204 2 Samuel 18:33
205 Lucas 10:41
206 Lucas 22:31
207 Hechos 9:4
208 Mateo 27:46
209 Lucas 6:46
210 Génesis 1:1
211 Génesis 26:24
212 Josué 1:9
213 1 Crónicas 28:20
214 Hechos 18:7
215 Génesis 50:13
216 Hebreos 1:1,2
217 Génesis 46:12
218 Génesis 46:27
219 Mateo 18:22
220 Génesis 22:17
221 Éxodo 12:40 dice que «el tiempo que los hijos de Israel habitaron en Egipto fue cuatrocientos treinta años», pero las matemáticas no cuadran. Moisés tenía 80 años de edad en el Éxodo (Éxodo 7:7), su padre Amram vivió 137 años (Éxodo 6:20), y su abuelo Coat vivió 133 años (Éxodo 6:18). Génesis 46:11 y 26 dice claramente que Coat (nieto de Jacob, y abuelo de Moisés) entró con Jacob en Egipto. Aun sumando la edad de Coat, Amram, y los 80 años de Moisés, no suman los 430 años que se supone habitaron los hebreos en Egipto, sino solo 350. Los hebreos nunca pudieron estar en Egipto más de 350 años. ¿De dónde viene este desfase? El apóstol Pablo nos da la respuesta en Gálatas 3:16,17 cuando dice que las promesas fueron hechas a Abraham, y la ley vino 430 años después. Eso significa que los 430 años corresponden al tiempo entre Abraham y el Éxodo, el

tiempo en que la descendencia de Abraham fue esclava y oprimida en Canaán y en Egipto (Génesis 15:13). En la Septuaginta, además de otras fuentes como el Pentateuco Samaritano o el historiador Flavio Josefo, queda más claro este punto al detallar que el tiempo que los hijos de Israel habitaron «en la tierra de Egipto *y en la tierra de Canaán* fueron 430 años». En nuestras traducciones, que dependen del texto Masorético, se ha perdido la expresión «*y en la tierra de Canaán*». Para más detalles recomiendo el video en inglés de Nathan Hoffman (NathanH83) (15 de septiembre de 2015) «How Long Were The Israelites In Egypt?». Recuperado de https://youtu.be/FF0F8YjT1og

222 Lucas 15:24
223 Génesis 45:28
224 Génesis 3:6
225 Génesis 46:30
226 Mateo 28:20
227 Gálatas 3:7
228 Juan 14:2,3
229 Hebreos 10:23
230 1 Timoteo 5:8
231 1 Timoteo 5:3,4
232 Salmos 51:6
233 Génesis 2:2
234 Juan 5:17
235 Génesis 2:15
236 Génesis 3:18
237 2 Tesalonicenses 3:10
238 Génesis 47:7
239 Hebreos 7:7
240 Romanos 13:1; 1 Pedro 2:13; Tito 3:1
241 Génesis 47:19. Es curioso observar que tan solo los sacerdotes continúan teniendo tierras en posesión, porque al comer en la casa de Faraón no tienen necesidad de vender sus tierras a cambio de alimentos (vv. 22 y 26). Por un lado, vemos un contraste entre Egipto e Israel, porque los levitas serán los únicos que no tendrán tierras en propiedad cuando regresen a la Tierra Prometida. Por otro lado, una similitud, porque así como Faraón daba de comer a los sacerdotes (v.22), también José da de comer a su familia (v.12). Los hijos de Abraham son tratados todos ellos como sacerdotes (Gálatas 3:7; 1 Pedro 2:9).
242 Génesis 47:25
243 Mateo 6:11
244 Job 1:21
245 Génesis 47:9
246 Hebreos 11:13-16
247 Calvin, *Commentaries*, vol I, 414.
248 1 Corintios 16:2

249 Hechos 4:12
250 Colosenses 1:16
251 Eclesiastés 12:1-8
252 Génesis 23
253 Génesis 47:30,31
254 Génesis 28:19
255 Génesis 27
256 Génesis 48:5
257 Génesis 48:5,6
258 Génesis 48:7
259 Génesis 48:11
260 Hebreos 10:23
261 Hebreos 10:35,36
262 Hebreos 11:1
263 Hebreos 11:21
264 Génesis 48:8-13
265 Génesis 48:19
266 Génesis 48:1 en contraste con los vv. 5, 13, 14, 17 y 20
267 Isaías 55:9
268 1 Corintios 1:27
269 Romanos 8:30
270 Génesis 49:28-33
271 Génesis 49:1,2
272 Génesis 35:22
273 Génesis 49:3,4
274 Génesis 49:5-7
275 Génesis 34
276 Josué 19:1
277 Génesis 38
278 2 Reyes 17:18
279 Génesis 49:8-12
280 Génesis 49:13
281 Génesis 49:14
282 Génesis 49:16-21
283 Génesis 49:27
284 Génesis 49:22
285 Génesis 39:5
286 Génesis 49:23-25
287 Efesios 6:16
288 Salmos 27:3
289 Juan 15:5
290 Gálatas 5:22,23
291 Hebreos 9:4

292 Mateo 5:17
293 Juan 6:35
294 1 Corintios 15:20-23
295 1 Corintios 15:55
296 Génesis 50:1-6
297 Éxodo 10:11
298 Éxodo 5:1,2
299 1 Juan 1:9
300 Lucas 15:19
301 Mateo 18:23-35
302 Salmos 56:3
303 John Flavel. *El Misterio de la Providencia* (Graham: Publicaciones Faro de Gracia, 2001) p. 34
304 Génesis 50:24,25
305 Howard, Donald. *Burial or Cremation. Does it matter?* (Carlisle: The Banner of Truth Trust), p. 14
306 Génesis 19:24; Josué 7; 2 Reyes 1.
307 Mateo 27:60
308 1 Samuel 3:13
309 Rohl, David M. *Pharaohs and Kings: A Biblical Quest* (New York: Three Rivers Press, 1997), p. 364
310 Posteriormente, Josué fue quien enterró a José en la tierra de Siquem tras la conquista de la Tierra Prometida (Josué 24:32)
311 Hebreos 11:22
312 Hebreos 11:21
313 Romanos 8:38
314 Salmos 48:14
315 Lucas 12:20
316 1 Corintios 15:20; Colosenses 1:18; Apocalipsis 1:18; Juan 13:36; Lucas 9:23
317 En tiempos bíblicos *subir* sería el equivalente a viajar hacia el Este, y *bajar* hacia el Oeste. Jonás *bajó* a Jope (Jonás 1:3), pero Festo *subió* de Cesarea a Jerusalén (Hechos 25:1)
318 Ezequiel 37:1-10
319 Job 19:25-27